Et si on travaillait autrement ?

Groupe Eyrolles
61, bd Saint-Germain
75240 Paris Cedex 05

www.editions-eyrolles.com

© Groupe Eyrolles, 2014
ISBN : 978-2-212-56038-1

Florence Bénichoux

Préface de Mariette Darrigrand

Et si on travaillait autrement ?

La Méthode Haute Qualité Humaine® en pratique

EYROLLES

«*Il existe une chose plus puissante que toutes les armées du monde,
c'est une idée dont l'heure est venue.* »

Victor Hugo (1802-1885)

« *Il est plus facile d'être héros qu'honnête homme.
Héros nous pouvons l'être une fois par hasard ;
Honnête homme, il faut l'être toujours.* »

Luigi Pirandello (écrivain italien 1867-1936)

Préface

Dans notre société *en crise* depuis une quarantaine d'années, la question du Travail est paradoxalement évacuée. Il est question de *Chômage* – terme macro-économique qui ne se pense qu'en tendances chiffrées ; il est question d'*Emploi*, notion qui se monnaie en promesses électorales, toutes plus démagogiques les unes que les autres. Mais de *Travail*, point ou pas vraiment.

Peut-être parce qu'il s'agit là d'un rêve lointain pour de plus en plus de gens, le Travail est rarement raconté par ceux qui le vivent. La souffrance qu'il peut engendrer n'est jamais devenue un thème politique.

C'est lui, pourtant, qui intéresse Florence Bénichoux et ses équipes : elles le scrutent dans sa réalité quotidienne et pourrait-on dire charnelle. Les pages qui suivent montrent qu'il y a sur les corps, un « travail du travail », au sens où Freud a parlé d'un travail du rêve ou du deuil : une transformation alchimique qui peut déboucher aussi bien sur le plomb (et les artères se bouchent, et les articulations se bloquent, et les muscles refusent de s'endormir) que sur l'or : le plaisir d'accomplir une tâche et d'en être remercié. Plaisir minimum comme un salaire mais maximum comme un lien d'altérité.

Ce langage profond, actant les noces du corps et de l'esprit, Florence Bénichoux le lit comme un document précieux et nous permet à notre tour de bien le comprendre. On est loin de la surface médiatique où sont mises en spectacle morbide les tragédies personnelles. C'est sur la société française dans son ensemble, une société que l'on peut dire malade de son travail, que nous sommes invités à réfléchir : les propositions concrètes qui sont données à la fin de l'ouvrage pourraient s'adresser aux politiques comme elles le sont aux industriels. La posologie a été pensée pour contrer les différentes pathologies dénoncées car elles révèlent des correspondances directes entre les choix économiques, industriels et managériaux et les expressions de l'intime – correspondances souvent gardées secrètes, que seuls les médecins connaissent.

En cela, Florence Bénichoux rejoint un prestigieux confrère. C'est parce qu'il connaissait bien les corps, que François Rabelais a su inventer tant de mots. Celui d'*Individu* en particulier. Le faisant migrer de la botanique à la biologie, ce génial inventeur de notre culture, a nommé celui ou celle qui, tel une plante que l'on ne peut plus couper (indivisible), doit assurer, dans sa limite et son environnement, sa survie.

On repense à cette image étymologique en lisant certains des témoignages de salariés recueillis par ce livre : ces minuscules éco-systèmes malmenés par les séismes de l'économie mondialisée ou les tempêtes inutiles du mauvais management, et qu'ils seraient si facile de solidifier par de simples tuteurs : mots, gestes, signes de reconnaissance.

Tout le monde aurait à y gagner en conclut la pensée pragmatique déroulée ici. Soigner n'est ni attendre le grand soir, ni violenter les fibres humaines toujours plus fragiles que ne le laissent croire les diplômes ou les expériences. Soigner, c'est prendre soin du jardin commun : la terre, l'entreprise, l'individu. Et prendre soin, c'est greffer l'un à l'autre le corps social et le corps intime, au lieu de les opposer ou de les mettre en concurrence.

Ce miroir analogique entre le microcosme de l'Homme et le macrocosme du monde, Michel Foucault a bien montré qu'à la Renaissance, il réunissait aussi les mots et les choses, avant que la modernité technique ne les sépare. C'est à ce lieu originel de l'humanisme que l'apport de Florence Bénichoux se situe. Pour que le lien entre l'homme et le système soit fructueux au lieu d'être destructeur, un label doit être créé, pense-t-elle, seule manière de faire se rejoindre le métabolique et le symbolique. Ce label, elle le nomme HQH® : haute qualité humaine, sur le modèle du HQE®, haute qualité écologique. Il faut que ce pas institutionnel soit franchi, nous dit-elle, pour que le « psychosocial » soit reconnu comme chance, et non pas seulement comme risque.

Ce livre-manifeste investit donc un lieu que les politiques ont déserté car ils ont bien du mal à se situer au niveau affectif de ceux qu'ils voient toujours comme une masse (les français, les chômeurs, les jeunes, les travailleurs, les femmes, etc.). En ce lieu, et comme chez Rabelais précisément, le mot *Humain* retrouve son sens originel : il y signifie tout ce qui concerne la vitalité, la vie de la vie : de la cellule indivisible aux organisations collectives.

C'est pour augmenter cette énergie littéralement humaniste que Florence Bénichoux se bat. C'est pour explorer cette dynamique positive que chaque personne attachée à ce que les Anglo-Saxons appellent « *bettering the world* », aura intérêt, dans tous les sens du terme, à lire ce livre.

Mariette Darrigrand, sémiologue.

Sommaire

PARTIE 2 - **La Haute Qualité Humaine (HQH®)**

Introduction

Avant de vous lancer dans la lecture de ce livre, je souhaiterai vous expliquer pourquoi j'ai souhaité écrire ce livre.

Je suis un médecin passionné par l'entreprise, et toujours impressionné par ce qu'elle peut faire ou produire. Je suis stupéfaite, lorsque je prends l'avion, de me dire que nous arrivons à bon port grâce à une technologie récente (l'aéronautique n'a qu'une centaine d'années) et ravie quand tous les matins ma voiture démarre au quart de tour. Je suis émerveillée par tout ce qui fonctionne bien et dont on parle trop peu. Au point de paraître un peu naïve diront certains, mais je le revendique.

Après avoir été salariée du service public à l'hôpital et libérale pendant une dizaine d'années, puis salariée du secteur privé en tant que manager d'une entreprise française et dirigeante de cette filiale rachetée par un groupe américain pendant une quinzaine d'années, je suis devenue entrepreneur il y a 15 ans. J'ai créé deux entreprises et je dirige actuellement la seconde.

Trois tranches de vie bien différentes donc, mais qui m'ont toutes appris des choses sur les comportements humains. De toutes ces expériences, je crois pouvoir dire qu'il n'y a rien de plus stimulant et enthousiasmant que de créer son entreprise, la voir naître, la développer et la voir croître. Créer à partir d'une idée, qui répond en général à un besoin ou l'anticipe, et avoir le pouvoir de changer les choses ou le cours de l'histoire. Et ce faisant, choisir sa vie professionnelle, lui donner un sens et avoir le sentiment d'en être vraiment responsable.

L'entreprise vous apprend qu'il faut deux choses principales pour réussir : un objectif clair et une équipe d'hommes et de femmes qui partagent cet objectif et qui ont envie de réussir ensemble grâce aux talents de chacun.

Alors oui je suis un chef d'entreprise, mais je crois que je suis aussi restée profondément un médecin. Je scrute, j'observe, j'écoute, je mesure, je tâte, j'examine des entreprises. Et ces entreprises, auxquelles je crois tant, sont pour moi en danger. Pourquoi ? Tout simplement parce qu'elles avancent depuis plus de 15 ans, en mettant directement ou indirectement 35 % de leurs salariés en stress chronique et 25 % en grand risque pour leur santé. La pression sur les hommes n'est plus la même ; ce n'est plus seulement leur santé physique qui est en jeu mais aussi leur santé mentale. Ces chiffres et ces données vont en étonner plus d'un. Il faut ouvrir les yeux face à ce qui est trop souvent encore un déni. Au-delà de la santé des hommes, c'est aussi de la santé des entreprises dont parle ce livre, car il n'existe pas d'entreprise florissante sans engagement des hommes et des femmes qui la composent.

Le stress au travail entraîne un réel désengagement des hommes et une perte en créativité qui coûte très cher à l'entreprise. Elle a donc économiquement intérêt à le traiter par des façons de travailler différentes mais surtout à le prévenir par une meilleure qualité de vie au travail.

Depuis plusieurs années, avec mon équipe, nous allons dans les organisations. Nous avons interrogé plus de 25 000 salariés sur leurs conditions de travail et analysé des millions de données. Nous avons mesuré leur perception, en proposant des indicateurs pour objectiver ce subjectif qui fait souvent la réalité. Nous avons observé le travail dans des usines, dans des bureaux, au sein de grands centres d'affaires, avec des aménagements d'espaces de travail différents, en France, en Angleterre et en Allemagne, dans des maisons de retraite et des hôpitaux... Nous avons écouté les arguments des directions sur le « nous en voulons toujours plus » et ceux des représentants du personnel sur le « nous en avons toujours moins ».

À la manière d'un clinicien, nous avons pris le pouls de l'entreprise pour comprendre la physiologie du travail (comment cela marche ?) et sa physio-pathogénie (comment peut-il rendre malade ?) dans le but de chercher des solutions et de bâtir avec les parties prenantes des stratégies thérapeutiques efficaces. C'est de cela dont il s'agit : comment retrouver santé et qualité de vie au travail, développer une performance globale – économique, environnementale et humaine – et une véritable compétitivité dans les entreprises ?

Les entreprises sont tournées vers la réussite économique et elles ont raison. Mais comme le prédisait déjà Henry Ford en 1920 : « *L'entreprise doit faire des profits sinon elle mourra, mais si l'on tente de faire fonctionner l'entreprise uniquement sur le profit, alors elle mourra aussi car elle n'aura plus de raison d'être.* »

Les hommes n'ont plus assez d'espace-temps pour partager les difficultés et penser leur vie au travail pour l'améliorer. Ils sont souvent trop pressés, devenus des « héros solitaires » condamnés à l'exploit quotidien, soit enchaînés par des contrôles en tout genre, soit en hyper autonomie sans plus aucune limite que celle de leur corps fatigué, de leur esprit en surchauffe qui n'arrive plus à réfléchir, à se concentrer. Les héros craquent et les entreprises font semblant de ne rien voir. Des salariés souffrent, des chefs d'entreprise se suicident et, globalement, tous manquent de lien avec leurs collègues, leur entourage social et familial.

L'objectif de ce livre est de permettre une réelle prise de conscience aux niveaux individuel, collectif, politique, économique et syndical. Ensuite de comprendre pourquoi. Pourquoi notre pays est-il si sensible sur ce sujet ? Pourquoi sommes-nous le plus stressé des pays européens ? Pourquoi des hommes en sont venus à se suicider sur leur lieu de travail ? Pourquoi des forces de la nature font des accidents vasculaires cérébraux à 50 ans, alors que cela ne touchait avant que des personnes de plus de 70 ans ? Pourquoi s'est développée une véritable épidémie de burn-out ? Pourquoi les troubles musculo-squelettiques sont-ils devenus la première maladie professionnelle, alors que le travail est de moins en moins physique ? Pourquoi naît-il un sentiment d'injustice dans de trop nombreuses entreprises ?

Et enfin tenter de faire bouger les lignes et d'expliquer que l'on peut travailler différemment.

Ce livre met le doigt sur les comportements ubuesques auxquels sont conduits certains dirigeants, managers ou salariés qui mettent en danger leur propre vie, trop souvent sans même s'en rendre compte. Il met en garde contre un certain esclavagisme moderne dû aux excès de la financiarisation. Je suis convaincue que cela n'est jamais le travail qui rend malade, mais les conditions dans lesquelles on l'exerce.

Mais non ce livre n'est pas dressé contre l'entreprise, bien au contraire, il souhaite révéler des déviances pour mieux les combattre. Le travail est un formidable terrain d'épanouissement et de développement de l'homme et de la société, mais il n'est plus possible de laisser un quart des salariés en danger. Il est temps de réagir.

C'est ce que propose la méthode Haute Qualité Humaine. Il est temps de travailler autrement.

PARTIE 1

LE MONDE CHANGE,
LE TRAVAIL AUSSI

Chapitre 1

Évolutions, acteurs
et relations de travail

En quarante ans, le monde a changé, le travail a profondément changé et les attentes vis-à-vis du travail ont changé aussi.

Le travail n'est plus un monde à part

Nous vivons davantage dans un univers de connaissance que de production. La notion d'usage est en train de supplanter celle de propriété. Nous découvrons la rareté après avoir vécu l'abondance. Nous sommes dans un monde ultrarapide qui a perdu ses repères (religieux, éducatifs, politiques et moraux), d'où la peur de l'avenir et le sentiment d'incertitude.

Dans un monde où tout s'est accéléré, le travail aussi a changé ; il faut produire plus, plus vite et moins cher. Le travail est devenu beaucoup plus complexe, l'organisation du travail éclate les collectifs et met les salariés en compétition permanente. Le travail fait souffrir. Il retrouve bien alors son origine latine de *trepalium* un instrument de torture ; c'est une face de la médaille du travail. Si l'on regarde maintenant l'autre face et l'origine grecque du mot « travail », on trouve le « πανοσ » (*panos*) proche de notre mot « épanouissement » qui traduit aussi une des facettes importantes du travail. Le travail c'est du plaisir.

Oui, le travail est une source d'épanouissement, de rencontres et d'accomplissement. Il permet à l'homme de se réaliser, de se surpasser et de faire des choses que l'on croyait impossibles. Il participe à la construction de la personnalité et à la réussite d'une vie bien remplie. Il contribue à faire avancer le monde. Le travail rend vraiment fier et heureux, à condition que l'homme soit motivé, qu'il ait de véritables responsabilités, qu'il accomplisse un travail de qualité, qu'il soit reconnu pour son savoir-faire et soutenu par ses pairs. Nous pourrions même dire comme Henri SALVADOR que « *le travail, c'est la santé* ». Sans travail donc, pas d'éclosion de l'homme, ni de déploiement de ses capacités et de ses connaissances.

En France, le travail fait l'objet d'un surinvestissement car il est existentiel (on n'existe pas si on n'a pas de travail). Les hommes lui donnent une importance démesurée, par peur de le perdre. Et il devient rare aussi.

Or, aujourd'hui en France, plus de 3 millions de personnes sont sans emploi, c'est une injustice, une honte. Et quand on a connaissance des chiffres, cela donne le vertige : 56 % pensent qu'elles pourraient un jour devenir des sans domicile fixe (SDF)[1], 85 % affirment que leurs enfants risquent de connaître le seuil de pauvreté[1], et 20 % sont en détresse psychologique, détresse qui a triplé en vingt ans[1]. N'oublions pas que l'on se suicide environ 4 fois plus lorsque l'on n'a pas de travail que lorsqu'on en a un[2]. Et contrairement à une idée reçue, selon les chiffres de l'Institut de veille sanitaire (InVS), les taux de suicide pour 100 000 personnes entre 1976 et 2002 étaient plus importants dans le secteur public (administration, santé et action sociale) que dans le secteur privé[3].

Comment en sommes-nous arrivés là ? Pour répondre à cette interrogation, il faut remonter aux sources et chercher à comprendre ce que nous attendons vraiment de notre travail.

---

1. Sondage CSA, 2009.
2. « Le suicide des chômeurs, une réalité occultée », *Le Point*, 16/08/2012.
3. www.invs.sante.fr/.../suicide.../rapport_suicide_activite_professionnelle_f...

Les attentes des salariés vis-à-vis du travail ont changé

Le travail doit tenir plusieurs promesses : celle d'accomplir ses savoir-faire dans une tâche utile pour la société, celle de s'émanciper financièrement, celle d'œuvrer avec les autres et de se développer en coopération et solidarité.

Les femmes veulent l'égalité avec les hommes en termes de salaire, mais surtout de potentiel d'évolution. Elles ne veulent plus de strapontins et la parentalité devient un vrai sujet dans l'entreprise. Comment affirmer que nos enfants sont ce que nous avons de plus précieux et simultanément leur consacrer aussi peu de temps ? C'est à chacun de nous de prendre le temps de les éduquer selon les valeurs que nous souhaitons voir dans la société, et que l'on retrouve dans nos entreprises.

Les hommes veulent aussi davantage s'occuper de leur famille et de leurs enfants. Il vient de se créer chez Accenture un collectif de pères pour défendre leur droit à s'occuper de leurs enfants, sans pour autant mettre en péril leur évolution de carrière.

Les jeunes ne veulent plus sacrifier leur vie personnelle au seul profit de la vie professionnelle. Ils ne veulent plus attendre. Tout doit aller vite. L'entreprise leur demande des résultats à court terme et ils veulent donc évoluer très rapidement, à la vitesse à laquelle ils changent de téléphone portable.

De nombreux seniors cherchent désespérément à ce que leur travail soit soutenable jusqu'à la retraite. Ils doivent gérer le paradoxe bien connu de prolonger leur temps de travail dans un univers devenu beaucoup plus exigeant et compétitif, et cela à un âge où, au contraire, physiquement, on souhaiterait « lever le pied ». À quel âge devient-on senior ? Dans certaines entreprises où le jeunisme règne, vous êtes déjà senior à 45 ans et dans ce type de société, personne n'a plus de 55 ans. On se pose la question de savoir où sont passés ces cinquantenaires. La réponse est simple : le système éjecte les plus de 50 ans par épuisement... alors qu'il reste de 15 à 20 ans de travail à fournir pour pouvoir bénéficier de la retraite. Mais qui veut des seniors ?

Quoi qu'il en soit, tous veulent avoir un travail intéressant, et qui leur donne « le bonheur ». Mais le travail à lui seul peut-il combler tous les espoirs ? Le travail est-il vraiment fait pour rendre heureux ? Ne met-on pas trop d'attentes dans le travail, avec la frustration évidente qu'il ne peut les satisfaire toutes ?

Les relations de travail sont insensées

Nous avons aussi des attentes insensées sur les relations au travail. À l'heure de la vie par procuration sur internet, ce que notre vie ne nous apporte souvent pas, nous aimerions que le travail le comble. Et à l'inverse, certains salariés ne savent plus avoir des relations vraiment humaines, ils ne savent plus se parler, et craignent que les échanges qui pourraient apporter la contradiction ne leur fassent perdre trop de temps.

◼ Et si l'on dotait les managers de sens éthique ?

Les jeunes managers sortent très compétents de leurs écoles de commerce ou d'ingénieur. Ils savent bâtir des « business plans », concevoir des stratégies marketing, suivre une production sur des tableaux Excel, évaluer toutes les anomalies d'un processus, mais ils ne savent pas donner du sens au travail, donner la direction et conduire les hommes (*to lead*), ni leur parler. Ils ont souvent peur de la relation « humaine ». Et pourtant dans le mot « MANager », il y a bien le mot « MAN » (homme). Pour être un bon manager, il faut d'abord aimer les hommes que l'on manage, avant d'aimer manager les hommes. Il faut aussi les connaître et connaître ce qui les anime, connaître le fonctionnement d'un groupe et ce qui le fait bouger. Mais les sciences humaines ont disparu des formations de ces futurs managers.

Cependant, l'on voit fleurir depuis le début des années 2010 des nouvelles formations qui allient philosophie et action. En transposant une pédagogie projet éprouvée au sein d'HEC Entrepreneurs de 1993 à 2006, le Master 2 Ethires[1] (Éthique appliquée, Responsabilité Environnementale et Sociale) de la Sorbonne à Paris forme annuellement une vingtaine d'étudiants à cette pratique de la philosophie action. Ce Master a entrepris de doter l'entrepreneur des outils du philosophe et d'introduire le philosophe dans les lieux et les temps de l'action.

Il existe aussi un Centre Éthique et Management (CEM)[2] à l'Institut catholique de Toulouse dont les missions sont de donner du sens aux entreprises, aux organisations et aux projets ; de générer un ensemble de valeurs et d'attitudes communes au service des personnes, au sein d'une entreprise et d'une collectivité ; et de promouvoir un développement durable et solidaire, centré sur la personne, combinant efficacité économique, équité sociale et viabilité écologique.

Les entreprises développent souvent des chartes sur le « business éthique », mais les actes sont-ils toujours en cohérence avec les paroles ?

L'éthique semble être une source du développement durable dans toutes les organisations, qu'elles soient hospitalières, industrielles ou associatives. Au-delà des grands discours, il y a un management fondé sur le dialogue et le partage de valeurs à mettre en œuvre dans le milieu du travail. On peut parfois se demander : où est donc passée l'exemplarité du manager ?

La première exigence du manager est donc l'exemplarité. Il doit « *faire ce qu'il dit* ». C'est ce qui lui donne sa légitimité. Nous avons vu trop de managers affirmer des choses qu'ils ne peuvent ni mettre en pratique ni tenir. Pour certains, il est vrai qu'on ne leur laisse que très peu de marge de manœuvre ; ils n'ont donc pas les leviers qui leur permettent vraiment de manager et souvent même on leur demande d'assumer des contradictions. Il faut être courageux pour être capable de les relever et de dire « non ». Mais nous avons vu aussi beaucoup de managers, plus

---

[1]. Pour toute info sur le Master Ethires, La Sorbonne (www.ethires.com), contacter : la.sorbonne.ethires@gmail.com

[2]. Voir CEM : http://www.ict-toulouse.fr/fr/formations/poleethique/cem.html#sthash.adH0UVww.dpuf

cyniques, avoir un double langage, afficher de belles valeurs et savoir qu'ils ne pourront pas les mettre en pratique ; avoir de belles paroles et faire tout le contraire ; s'enorgueillir de bons sentiments et manager par le stress. Mais aujourd'hui cela n'est plus acceptable. Au temps de l'Internet et de la communication ultrarapide, tout se sait très vite. La cohérence, la transparence et l'authenticité sont aujourd'hui indispensables pour manager.

■ À quand l'équité et la justice pour tous les salariés ?

Les salariés que nous rencontrons sont de plus en plus sensibles à la non-équité. Dans ce monde en crise, ils voient bien que les plus riches s'en sortent « sur leur dos ». Ils ne supportent plus les écarts de salaire entre le leur et celui de leur dirigeant. Au-delà de 10 à 15 fois le salaire minimum, le seuil de tolérance est dépassé. Mais il n'y a pas uniquement le salaire, compte également la façon dont ils sont traités. C'est ainsi qu'est né le concept de « justice organisationnelle », un concept de chercheurs au départ mais qui a des conséquences très concrètes dans l'entreprise.

Justice organisationnelle

La justice organisationnelle est un paramètre qui permet de voir comment l'équité s'exerce dans les entreprises, en termes de :
• Justice distributive, ou distribution des récompenses (salaire, promotion, reconnaissance, responsabilités, etc.) qui correspondent à ce que l'individu attend.
• Justice procédurale ou la façon d'exercer la justice et d'attribuer les récompenses. Ce sont souvent les procédures mises en place (critères d'évolution, participation ou non de l'individu au processus de décision, confiance ou non en les décisions des managers) qui sont alors observées.
• Justice relationnelle ou la façon dont les gens sont traités en dehors des procédures.

Ce sentiment d'iniquité naît aussi à partir du moment où il y a perception d'une situation non équitable entre l'effort fourni et la récompense obtenue. Le psychologue allemand Joseph SIEGRIST a très bien détaillé les conséquences néfastes sur la santé qu'entraîne ce déséquilibre entre efforts fournis au travail et récompenses. Par exemple, travailler pendant deux ans sur un projet avec une équipe dédiée, une date limite de livraison, une charge de travail entraînant un surinvestissement dans la vie professionnelle sera acceptable si, en regard, la récompense est justifiable dans la vie personnelle (promotion, augmentation de salaire...). Sinon, le risque est la perte du soutien familial, la réduction de l'estime de soi (« Tout ça pour ça ! ») et l'apparition des maladies de surcharge.

Le sentiment d'injustice grandit dans les organisations d'aujourd'hui. Il entraîne rapidement des perturbations du sommeil, des troubles musculo-squelettiques (TMS) et une dégradation de la santé. Cela vient d'être à nouveau démontré en 2014 par des chercheurs toulousains[1]. D'où l'importance de sensibiliser les managers à l'égalité de traitement entre salariés, tant en termes de récompense que de parcours d'évolution.

■ Des tensions dues à la réduction permanente des coûts ?

Toutes les entreprises ont lancé une course à la réduction des coûts. Alors l'ensemble des services se sont mis à traquer les coûts visibles, ceux qui sont faciles à détecter sur les tableaux Excel. Elles se sont mises à supprimer tous les temps morts, les moments de convivialité, les gestes inutiles. Il n'y a plus de « gras » depuis longtemps dans les entreprises, après la mise en place du « lean management », et les relations humaines se sont fortement dégradées car elles ont besoin de temps pour se construire et se développer.

---

1. « L'effet modérateur des perceptions de justice sur la relation entre pénibilité perçue du travail et troubles du sommeil » in *Revue de Gestion des Ressources Humaines* - 2014/1 (N° 91). Caroline MANVILLE et Assâad El AKREMI, université Toulouse 1 Capitole CRM - UMR 5303 CNRS et Michel NIEZBORALA DIRECCTE Midi-Pyrénées.

Les salariés sont pris en otage

Premier constat : les coûts directs ne sont que de la partie immergée de l'iceberg ; les coûts cachés, par définition ne sont pas visibles. Or, en coupant des coûts directs, on a souvent des conséquences importantes sur les coûts cachés.

Deuxième constat : si les premières années les économies peuvent être substantielles, elles finissent par ne plus être importantes. En revanche, la frustration des équipes, elle, est en très forte croissance et les jeunes, qui ont plus de mal à gérer ces frustrations, choisissent parfois de quitter l'entreprise.

Troisième constat et sans doute le plus démotivant : les économies réalisées sont en totalité remontées vers les directions financières, sans aucun retour vers les équipes qui ont contribué à les réaliser.

Le manager est pris en tenailles

Le manager qui a tout fait pour expliquer la nécessité de ces économies à ses équipes et qui n'a aucun levier pour agir semble être le dindon de la farce. Il ne peut ni les remercier, ni les former ou les faire évoluer vers d'autres méthodes de travail, ni investir dans de nouveaux outils de travail. Ses équipes ne lui en veulent même plus car elles savent bien qu'il n'a plus de pouvoir.

Les équipes se désengagent alors progressivement. Elles sont bien décidées à ne plus se faire avoir et « gèrent leur engagement » à l'aune de ce que leur octroie l'entreprise.

Mais quel est donc le but de cette communication du « faire semblant » ?

Tous nos diagnostics le révèlent : la communication est bien la « tarte à la crème » de l'organisation. Tout le monde s'en plaint. Depuis que l'on communique dans les entreprises, on ne se parle plus.

Une à deux fois par an et, au mieux, une fois par trimestre sont organisées des « grands-messes » où la stratégie de l'entreprise, les résultats et les objectifs sont présentés. « C'est un exercice théâtral souvent bien orchestré avec 50 diapositives PowerPoint, parfois un film qui doit dégager de la fierté d'appartenir à cette entreprise. Au cours de ces grandes présentations, la direction émet un message sans jamais vérifier s'il est compris ou partagé. L'important est que tout le monde applaudisse à la fin », nous rapporte un salarié.

La direction pense que puisqu'elle a dit, c'est compris. C'est un exercice à 98 % descendant où l'on se congratule et où le parler vrai n'a pas sa place. Les Intranet ou des vidéo news ont remplacé les journaux d'entreprise sur papier glacé. L'intention est toujours bonne au départ. Même si, on le sait bien, communiquer par l'intranet, tout comme par mail, ne suffit jamais. Les meilleurs relais de la communication restent avant tout les hommes et les femmes.

Le véritable problème est la masse d'informations à connaître et le peu de temps que l'on a pour la traiter. Alors chacun priorise selon ses besoins. Rien ne remplace la réunion hebdomadaire en équipe pour échanger vraiment sur le travail. Une réunion où chacun doit pouvoir s'exprimer brièvement.

Les relations managériales sont sclérosées

▪ Le flou entretenu par le top management

Au comité de direction, la compétition est telle que chaque directeur essaie de tirer son épingle du jeu. Chacun fait semblant de travailler pour le développement de l'entreprise mais chacun travaille pour soi, son projet d'abord, puis en silo pour son équipe.

La non-décision est un problème récurrent rencontré au sein de très nombreuses entreprises. Le contexte pousse à une absence de courage managérial. Quand les directeurs prennent des décisions, ils ne peuvent généralement pas les assumer. Alors, le plus souvent, ils ne prennent plus de décision. Ils ont peur de ne pas choisir la bonne. Et pendant ce temps, les équipes doivent faire avec des scénarios multiples qui contribuent à la surcharge de travail.

Trop souvent, avec leurs équipes, les directeurs définissent les objectifs sans chercher à savoir si les moyens mis en face sont suffisants ou si les équipes ont besoin de soutien. Ils peuvent aussi les laisser en autonomie totale à la façon du « débrouillez-vous pour me sortir ces résultats, vous êtes payés pour cela ! ».

Différents styles de leadership et de management

Les styles de leadership et de management varient selon les pays. On ne dirige pas une entreprise de la même manière en Allemagne, au Japon, aux États-Unis, en Suède ou en France. Dans son livre *When Cultures Collide* publié en 1996, le linguiste britannique Richard D. Lewis a classé les différences selon les pays en 24 schémas. On constate que tous ont adopté un mode collaboratif avec des variantes. En France, le management est très autocratique. Nos élites sont formées selon un modèle, où le chef a toujours raison et où il décide souvent seul et demande à ses troupes d'appliquer. Nous sommes l'un des derniers pays au monde à appliquer ce mode de management avec l'Indonésie.

■ Le management de proximité est fait pour que rien ne remonte

Les managers intermédiaires sont évalués sur leur capacité à faire descendre l'information et à diffuser la bonne parole de la direction, mais surtout pas à faire remonter les vrais problèmes du terrain. S'ils le faisaient, cela menacerait leur évolution. En réalité, cela met en danger le dialogue et la confiance entre le « corps acteur » des salariés et la « tête pensante » des directeurs. De plus, ils ne sont pas disponibles car ils sont « davantage englués dans le faire, plus que dans le faire faire et l'organisation du travail ».

Les salariés, eux, essayent, tant bien que mal, de répondre aux injonctions paradoxales qui leur sont faites : « Nous devons bâtir des cathédrales avec un marteau et un clou et en deux mois ! » Ils sont confrontés aux difficultés du travail réel, de sa complexité et de la pression temporelle pour accomplir les tâches. Ils essayent de parler, mais ne se sentent jamais écoutés, encore moins entendus. On dit souvent que les salariés français râlent beaucoup mais tant qu'ils s'expriment, cela veut dire qu'il y a encore un peu de liberté de parole. Ils finissent par ne plus parler et ne faire que le minimum vital. C'est lorsqu'ils ne s'expriment plus qu'il faut réellement s'inquiéter.

« On n'est plus jamais écouté » ou « On fait semblant de nous écouter »

AAA est une entreprise très performante sur un marché à forte valeur ajoutée. Elle s'est fait racheter par un grand groupe. Ce groupe ne connaît pas bien le métier de AAA mais souhaite s'y développer. À peine le rachat effectué et le déménagement organisé pour rapprocher les équipes et faire des économies sur les mètres carrés, une nouvelle équipe de direction est nommée. Elle a pour mission de mettre en place une autre organisation et de décliner les processus du groupe. C'est un effort pour tous, ancienne et nouvelle équipe, de travailler ensemble, mais l'enjeu a l'air important et des primes sont à la clé. Au bout de deux ans, les résultats ne sont pas au rendez-vous, le marché se durcit et le nouvel actionnaire ne peut accepter cet état de fait. Les équipes de direction sont alors sommées de plancher sur une nouvelle organisation et imposent celle-ci aux équipes de terrain sous couvert d'une sommaire présentation de « là où l'on veut aller ». Les anciennes équipes pensent que si les résultats ne sont pas au rendez-vous c'est que les nouvelles méthodes mises en place ne sont pas les bonnes ; et les nouvelles équipes pensent que les nouvelles méthodes n'ont pas réellement été mises en place sinon elles auraient donné des résultats.

Alors, de façon avisée, la direction propose de mettre en place un pilote et d'en tirer les conclusions avant de déployer toute la méthode. L'accueil des équipes du terrain est excellent. Elles s'impliquent dans la méthode malgré les réunions supplémentaires car le jeu en vaut la chandelle. « Après six mois d'investissements, de tests, d'essais, de comptes rendus, nous avions apporté des modifications pas forcément majeures mais qui pouvaient rendre acceptables, vivables, ces contraintes avec celles de la vie des gens. » Et un beau jour, dans la précipitation, en pensant qu'elle avait déjà perdu beaucoup trop de temps, sans aucune explication ni justification, la direction décide de mettre en place la « nouvelle organisation », sans tenir compte des conclusions du groupe pilote. L'effet fut pire que le fait d'avoir imposé les choses, car les personnels impliqués se sont sentis bafoués. « Cela n'était qu'une comédie, comment voulez-vous qu'on leur fasse confiance ? » Alors, les conflits se durcirent et les résultats continuèrent de chuter. Quelques mois après, l'actionnaire met en place une nouvelle direction pour apaiser la situation et tenter de repartir sur des bases différentes. Que de temps effectivement perdu, que d'énergies dépensées et que de déceptions auraient pu être évitées !

Apprendre à travailler ensemble est un vrai préalable qui demande de la confiance et de l'authenticité dans les relations.

Les relations interpersonnelles au travail sur fond de crise

Les relations interpersonnelles au travail ne sont pas très différentes de celles observées dans la société. Cependant, on y trouve encore plus de violence[1] et d'individualisme.

---

1. Cf. la violence des débats qui a eu lieu sur « le mariage pour tous ». Quand on n'est pas d'accord en France, plutôt que de se mettre autour d'une table et de discuter, on s'affronte dans la rue.

■ La violence prend de l'ampleur

Les relations au travail sont plus violentes car les salariés sont très souvent mis en compétition les uns avec les autres. Les comportements sont ainsi agressifs pour préserver son pré carré ou grimper plus vite dans la hiérarchie.

La violence est aussi due au stress chronique que subissent les salariés. Sous pression, ils sont plus facilement irritables et laissent parfois jaillir des colères qui ne devraient pas avoir lieu de cité dans le monde du travail. Cela démarre toujours par de petites choses, des incivilités, « *On ne se dit plus bonjour ni merci* », et du manque de respect, « *On nous fait travailler comme des fous pendant 3 jours sur un dossier, et puis le soir du 3ᵉ jour, on nous dit que cela n'est plus d'actualité, sans rien nous expliquer !* »

■ L'individualisme détruit le collectif

Tout comme dans la vie, l'individualisme est également en croissance dans le milieu professionnel. Cela est dû en partie au conflit des générations en présence dans l'entreprise et à la forme de management, même si les comportements relationnels sont évidemment très variables d'une organisation à l'autre. Mais au global, ce que l'on constate, c'est un effondrement du collectif, et du soutien dans les équipes et par le management.

Une évolution des conditions de travail préjudiciable à la bonne communication

Générations solidaires d'antan

Pour avoir travaillé, au début des années 1980, pour les Aciéries de Pompey, je peux attester de l'immense solidarité qu'il y avait entre les ouvriers de cette usine de plus 3 000 ouvriers. Une infirmière y était présente 24 heures/24, 7 jours/7. À l'époque, j'y faisais régulièrement des remplacements de poste à l'infirmerie et m'occupais de tous les accidents du travail. J'ai vu des ouvriers usés, fatigués par un travail réalisé dans des conditions difficiles, mais fiers de ce qu'ils fabriquaient. À chaque fois qu'il y avait un incident ou un accident, le salarié malade était toujours accompagné à l'infirmerie par un collègue. Si, par exemple, l'accidenté devait être hospitalisé, une chaîne de soutien se mettait en place de façon instantanée. Les familles étaient prévenues, et les collègues prenaient le relais aussi bien au travail qu'à la maison. Ils se connaissaient tous très bien. Ils partageaient des valeurs, mais surtout ils jouaient au foot le week-end ensemble, ils se recevaient les uns chez les autres, leurs femmes se soutenaient dans les difficultés et leurs enfants allaient à la même école. C'était une grande famille.

En 1980, sur une ligne de fabrication, il y avait 10 ouvriers qui se connaissaient et s'entraidaient ; aujourd'hui, il n'y en a plus qu'un seul qui gère des tableaux sur un ordinateur…

L'amélioration de la sécurité dans les usines a aussi modifié les conditions de travail, on a caréné les machines et les hommes. Cela a évité de nombreux accidents du travail, mais cela ne favorise pas la convivialité.

Dès que le temps de travail est terminé, chacun quitte son poste pour prendre sa voiture et rentrer chez soi très rapidement. Il n'y a plus ce temps de convivialité que l'on prenait pour « boire un coup » après le travail. Même pendant les pauses, les salariés se précipitent sur leur téléphone portable pour jouer ou faire des activités solitaires. Les seuls qui continuent à se parler un peu sont les fumeurs qui doivent sortir, et souvent se retrouvent autour d'un grand cendrier. Alors, lorsqu'il y a un coup dur, on se connaît moins bien et le soutien entre collègues se réduit.

Qu'en est-il dans les espaces de travail d'aujourd'hui où tout est aménagé pour soi-disant supprimer les barrières et faciliter la communication ?

Les jeunes générations, en open-space, travaillent avec des écouteurs dans les oreilles, autant pour se protéger du bruit extérieur que pour vivre avec leur musique. La communication n'est donc pas facilitée par ce filtre. Cette façon de travailler apparaît d'ailleurs comme un manque de respect pour les plus âgés. Ces salariés plus âgés qui ont travaillé des années dans des bureaux fermés, ne savent pas respecter l'étiquette de l'open-space selon laquelle on ne doit pas parler trop fort et téléphoner trop souvent au milieu de ses collaborateurs.

Alors évidemment, le meilleur moyen pour « se parler » aujourd'hui consiste à s'envoyer des mails, d'un bureau à l'autre. « Et là, pour organiser une réunion, on s'envoie 15 mails plutôt que de régler cela en deux minutes, en face-à-face ou au téléphone. Et on se plaint ensuite d'être surchargé de mails. » C'est l'info-obésité : la messagerie est surchargée de plus de 100 mails par jour, un chiffre qui peut rapidement grimper à 300 dès que le manager encadre plus de 10 personnes.

Et pourtant, les règles d'utilisation de l'informatique, et des messageries[1] en particulier, existent souvent dans les entreprises mais elles sont rarement respectées. Les vieilles habitudes ont la vie dure et pour arriver à les changer, cela n'est pas simple.

En fait, ce n'est pas l'outil de messagerie électronique qui est en cause, c'est plutôt son utilisation excessive. Afin d'être plus performant au travail et de rendre cet outil de communication à son utilisation première, voici un petit vade-mecum du bon usage de la messagerie électronique.

VADE-MECUM DU bon usage de LA MESSAGERIE électronique

- Faire savoir et faire prendre conscience à chacun des collaborateurs de l'entreprise qu'un mail ne véhicule que 7 % des informations contenues dans une vraie conversation[2].

---

1. www.orse.org/ 2011 – « Pour un meilleur usage de la messagerie électronique dans les entreprises ».
2. 55 % de l'impact de nos messages est véhiculé par les gestes et 38 % par notre intonation.

- *Quantité* : pour recevoir moins de mails, il faut d'abord en envoyer moins et mettre moins de personnes en copie.
- *Lecture* : ne lire ses mails que 3 fois par jour.
- *Distance* : ne pas envoyer de mail si l'on se situe à moins de 20 mètres du destinataire.
- *Objet* : envoyer des mails avec un objet précis et très concret (pour information, pour action, pour rendez-vous), différent à chaque conversation. Cela permet de hiérarchiser ses priorités et facilite le classement des mails.
- *Sujet* : écrire des mails clairs et concis, sur un sujet précis.
- *Ton* : adopter un ton neutre, mais toujours rester courtois. Le ton d'un mail peut être mal interprété, jugé sec, trop directif, et irrévérencieux.
- *Moment* : si possible, ne pas envoyer de mails en dehors des plages horaires de travail. Et ne jamais envoyer de mails le week-end afin d'éviter toute intrusion dans la vie privée.
- *Fréquence* : pendant ses congés, ne pas lire ses mails et laisser un message automatique disant que vous n'aurez pas accès à votre messagerie avant le... et qu'il serait donc préférable de renvoyer un mail à partir de cette date. Ou bien, lire ses mails pendant ses vacances, mais pas tous les jours. Consacrer, par exemple, une matinée par semaine à les trier et ne répondre qu'aux véritables urgences ; les cimetières sont pleins de gens indispensables !

De nouvelles formes de solidarité à l'épreuve

Les enjeux de la performance passent par plus de liens entre les hommes et le dialogue pour résoudre la complexité et les difficultés du travail. Or, nous l'avons vu, on se parle de moins en moins dans les entreprises.

Cependant, face aux scénarios de crise d'aujourd'hui, on assiste à une sorte de solidarité retrouvée au sein des différentes strates hiérarchiques et entre certaines d'entre elles. Le soutien existe entre collègues et avec le manager de proximité dans de nombreuses organisations. Et cela tout particulièrement lorsque le soutien du top management est faible.

L'adversité a la propriété de souder. On essaie de trouver soi-même un sens à son travail et un appui auprès de ses collègues lorsque l'on sait qu'ils partagent les mêmes difficultés. C'est pourquoi, et malgré tout ce que l'on peut lire, les salariés attestent le plus souvent d'un réel soutien entre collègues, mais d'un faible appui de leur direction.

En revanche, vis-à-vis de leur direction, les salariés se sentent insuffisamment soutenus, pas assez écoutés des services RH, mal informés des moyens mis à disposition des services de santé au travail, et jugent trop peu efficaces les représentants du personnel.

L'enjeu principal pour réduire les risques psychosociaux est bien aujourd'hui de remettre du lien entre les individus. Tout ce qui peut remettre du lien et de la convivialité dans l'entreprise est une prévention très efficace de ces risques.

Chapitre 2

Stress : définition, mesures et observations

Les données et histoires présentées dans les pages suivantes ont été collectées de janvier 2011 à janvier 2014 auprès de 25 000 salariés du privé, du public ou du monde associatif soit par questionnaire, soit par entretiens et observations du monde du travail. Notre panel prend en compte les secteurs de l'industrie, des services et du médico-social. Bien entendu, les noms et situations ont été quelque peu changés mais ces histoires sont bien réelles. Elles se sont déroulées principalement en France mais aussi en Allemagne, en Espagne ou en Angleterre. Les données chiffrées sont extraites de notre base de données d'analyse des risques psychosociaux (RPS) en entreprise, mise à jour régulièrement. De façon simple, les principaux risques psychosociaux au niveau professionnel sont à 80 % dus à des problèmes de stress chronique au travail et à 20 % dus à des violences au travail.

Avant de définir le stress chronique, il est important d'expliquer que le stress est bon pour la santé. C'est un facteur de défense de notre organisme ; il nous permet de nous adapter aux différentes conditions de notre existence. C'est pourquoi l'inventeur de la théorie du stress, Hans Selye, avait au départ nommé celui-ci le « syndrome général d'adaptation ». Il nous aide à « faire face » à ce qui nous arrive.

Le mauvais stress pour la santé est le stress chronique ; celui qui nous donne l'impression que cela déborde et que l'on n'arrive plus justement à faire face. Il existe de nombreuses définitions du stress chronique mais si l'on veut être concret et compréhensible par le plus grand nombre, nous reprendrons ici la définition de l'Agence européenne pour la santé et la sécurité au travail : « *Un état de stress survient lorsqu'il y a déséquilibre entre la perception qu'une personne a des contraintes que lui impose son environnement et la perception qu'elle a de ses propres ressources pour y faire face. Bien que le processus d'évaluation des contraintes et des ressources soit d'ordre psychologique, les effets du stress ne sont pas uniquement de cette nature. Il affecte également la santé physique, le bien-être et la productivité de la personne qui y est soumise[1]. »*

Les effets du stress chronique ont de véritables conséquences sur la santé physique et mentale des personnes. Les pathologies que nous allons décrire et qui rentrent dans le cadre de la souffrance et du stress au travail sont précises et correspondent à ce que l'on appelle des « pathologies de surcharge » :

• surcharge psychique avec le burn-out, la dépression, les tentatives de suicide ;

• surcharge comportementale avec la violence des usagers, la violence entre collègues, la violence contre l'outil de travail ou contre la hiérarchie ;

• surcharge organique aux conséquences physiques avec les troubles musculo-squelettiques, les accidents cardio-vasculaires par exemple.

La prévention du stress au travail est l'enjeu majeur de la santé des salariés au XXIᵉ siècle. Les problèmes dus au stress représentent plus de 80 % des consultations de la médecine du travail. Ces violences au travail vont des incivilités au harcèlement moral, en passant par le manque de respect et la non-reconnaissance. Les violences verbales répétées sont souvent plus sournoises et néfastes pour l'estime de soi et pour la santé que les violences physiques. Elles ne se voient pas, et sont rarement comptabilisées.

---

1. « How to tackle psychosocial issues and reduce work-related stress », Bilbaô, European Agency for Safety and Health at Work, 2002, 127 p. Cette définition a été reprise par les partenaires sociaux dans l'Accord national interprofessionnel sur le stress au travail signé en juillet 2008, par toutes les organisations syndicales, du Medef à la CGT. Cet accord est à l'origine de la prise de conscience de nombreuses entreprises sur ce véritable phénomène qui grignote l'engagement des salariés et la performance de nos organisations.

Les causes du stress chronique sont nombreuses, complexes et souvent intriquées. Trop souvent j'entends dire que les causes viennent principalement de la vie personnelle (solitude, divorce, enfants à charge, surendettement...) alors que les principales causes que nous diagnostiquons ont pour origine la vie professionnelle (mauvaise organisation du travail, flou des missions, objectifs inatteignables, financiarisation extrême, conditions de travail difficiles et management défaillant ou inexistant...).

Mais ce stress chronique est-il un « effet de mode », comme le disent encore certains dirigeants, ou bien une véritable lame de fond et une tendance lourde de nos systèmes organisationnels ?

Le sentiment d'être exposé au stress explose

Des études de 2010 relèvent une montée en flèche du sentiment d'être exposé au stress, passant de 23 % à 41 % de 2008 à 2009[1], de 41 % à 60 % de 2009 à 2010[2] et même 65 %[3]. La crise a bien sûr créé un fort sentiment d'insécurité général qui s'est répercuté sur une plus grande perception de stress, dans un contexte de travail toujours plus tendu.

La France est d'ailleurs handicapée par un niveau de stress particulièrement élevé dû à des conditions de travail anormalement difficiles sur le plan physique par rapport à nos voisins européens (exposition aux postures pénibles, aux risques chimiques et biologiques), à un environnement de travail pénible, à un manque de reconnaissance et à une difficulté à concilier vies privée et professionnelle. En 2011, à l'item « Je me suis senti particulièrement tendu », 5 % des Français répondaient « en permanence » (contre une moyenne européenne de 3 %),

---

1. Selon 2 études, l'une réalisée par Ipsos-Météostress en juillet 2008 et l'autre par le CSA – ANACT en avril 2009.
2. Selon les résultats de l'Institut BVA-BEST, avril 2010.
3. Observatoire de la vie au travail OVAT, juillet 2010.

13 % « la plupart du temps » (contre 9 %), 13 % « plus de la moitié du temps » (contre 11 %).

Parmi les 27 pays de l'Union européenne, seules la Grèce et l'île de Chypre affichent des taux de stress plus élevés[1]. Dans ce domaine comme dans d'autres, les inégalités sociales sont sensibles : pour le quartile des revenus les plus modestes, la proportion des Français qui se déclarent tendus est de 38 % (contre une moyenne européenne de 27 %), alors que dans le quartile des revenus les plus élevés, elle est de 28 % (contre 19 %). Mais comment mesure-t-on le niveau de stress ?

Les 2 façons de mesurer le stress perçu

Il existe 2 façons de mesurer le stress chronique : soit par des échelles visuelles analogiques, soit par des tests psychométriques avec des batteries de questions qui ont été validées scientifiquement.

■ Par l'échelle visuelle analogique

Une échelle visuelle analogique est un instrument de mesure qui a 2 faces : au recto, des pictogrammes qui permettent une évaluation subjective d'un niveau de douleur ressenti, par exemple, ou de stress ; au verso, une gradation de la douleur ou du stress avec des chiffres allant de 0 à 10.

Le recto est destiné à l'auto-évaluation de l'individu ; le verso, au médecin ou à celui qui veut mesurer.

L'échelle visuelle analogique est un excellent moyen d'évaluer des données subjectives et de suivre leurs évolutions dans le temps.

---

1. 5ᵉ enquête réalisée par la Fondation européenne pour l'amélioration des conditions de vie et de travail (Eurofound), institut d'étude rattaché à la Commission européenne, basé à Dublin.

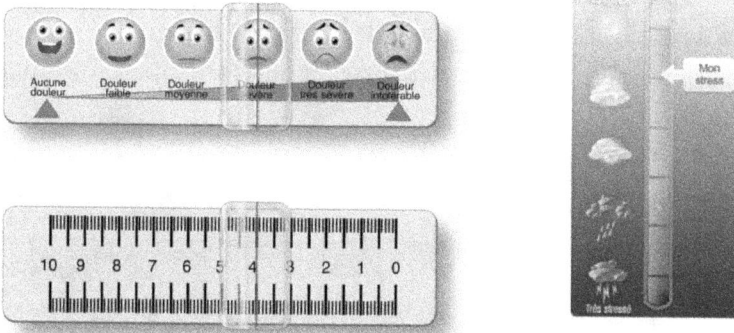

Fig. 1 – Échelles visuelles analogiques de la douleur et du stress

Selon notre base de données, dans le cadre d'une auto-évaluation par baromètre, sur une échelle visuelle analogique du stress, 26 % des salariés se déclarent « très stressés » ou « fortement stressés ».

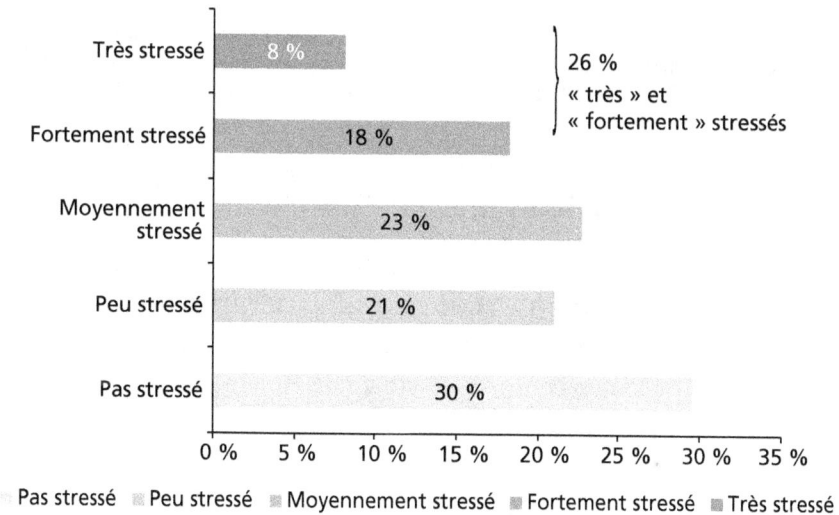

Pas stressé Peu stressé Moyennement stressé Fortement stressé Très stressé

Fig. 2 – Le stress perçu en France, selon la méthode d'auto-évaluation par échelle visuelle analogique (EVA). Chiffres issus du panel Better Human Cie (n = 11 380).

Si l'on regarde par secteur d'activité, on constate un écart allant de 24 à 35 %. La palme revient aux métiers de la santé et du médico-social, là où les personnels sont au service des autres et où la principale ressource est bien humaine.

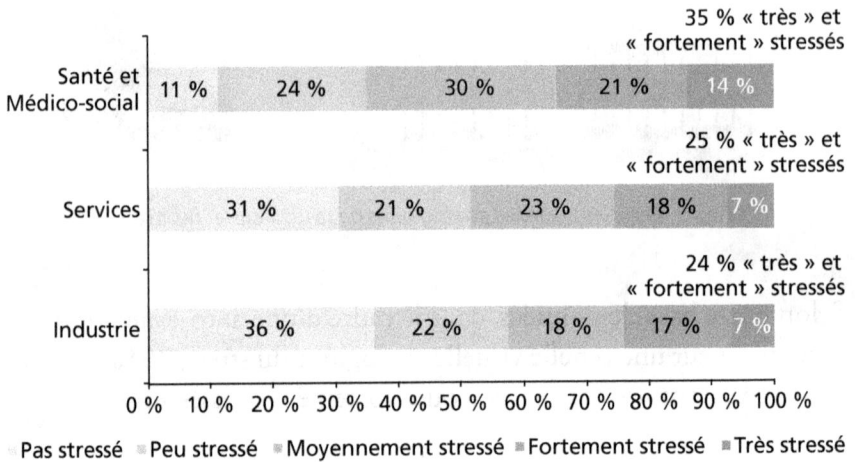

Fig. 3 – Le stress perçu en France, selon la méthode d'auto-évaluation par échelle visuelle analogique (EVA). Chiffres issus du panel Better Human Cie. Détail par secteur d'activité (n = 11 380).

▪ Par un test psychométrique[1]

Si maintenant on utilise le test psychométrique de « stress perçu[2] » de COHEN en 14 questions, validé scientifiquement et utilisé dans le monde entier, que constate-t-on ? La moyenne des populations salariées qui sont en stress chronique est de 36 %. Ce chiffre est important ; il veut dire que plus d'un tiers des salariés est aujourd'hui en stress chronique.

---

1. Les tests psychométriques permettent de déterminer les caractéristiques particulières d'un individu en se référant à une norme (population de référence).
2. Échelle de stress perçu (Cohen et Williamson, 1988), Carnegie Mellon University Pittsburgh.

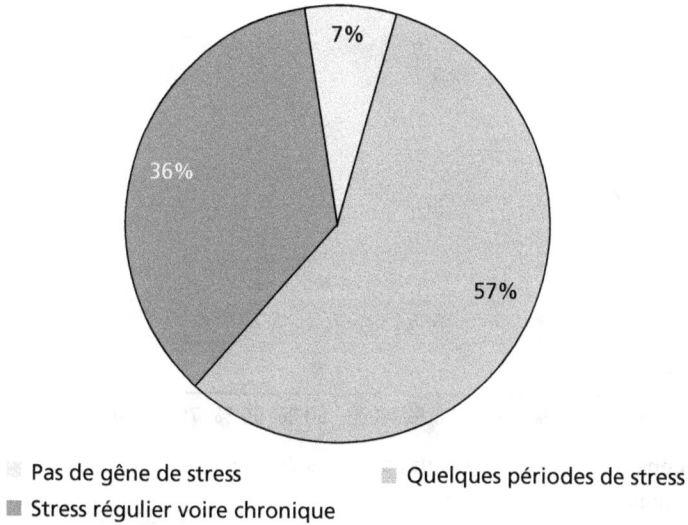

Fig. 4 – Le stress perçu en France, selon le test psychométrique de Cohen.
Chiffres issus du panel Better Human Cie (n = 4 156).

Si l'on regarde plus finement, par secteur d'activité, on relève des disparités importantes allant de 33 à 38 % :

• Dans le secteur médico-social, (secteur public et associatif) le stress chronique atteint une moyenne très élevée, à 38 %, assez proche des scores déclarés sur le baromètre à 35 % : seulement 4 points d'écart entre le niveau de stress chronique et la perception spontanée sur l'échelle visuelle analogique[1], directe et immédiate du salarié.

• Dans le secteur de l'industrie, le score de stress chronique est de 36 % alors qu'il n'était que de 24 % sur le baromètre. Ici, on note un écart de 12 %. On voit bien la volonté de sous-estimer son stress. Cela ne se fait pas de dire que l'on est stressé dans cet univers encore majoritairement masculin ; on retrouve le même déni dans les populations d'agriculteurs ou du BTP.

• Dans le secteur des services, le niveau de stress chronique est de 33 %, à comparer avec les 25 % du baromètre. Ici, on note un écart de 9 % qui traduit, là encore, un certain déni.

---

1. Échelle visuelle analogique du stress perçu conçue sur le modèle de l'échelle d'évaluation de la douleur.

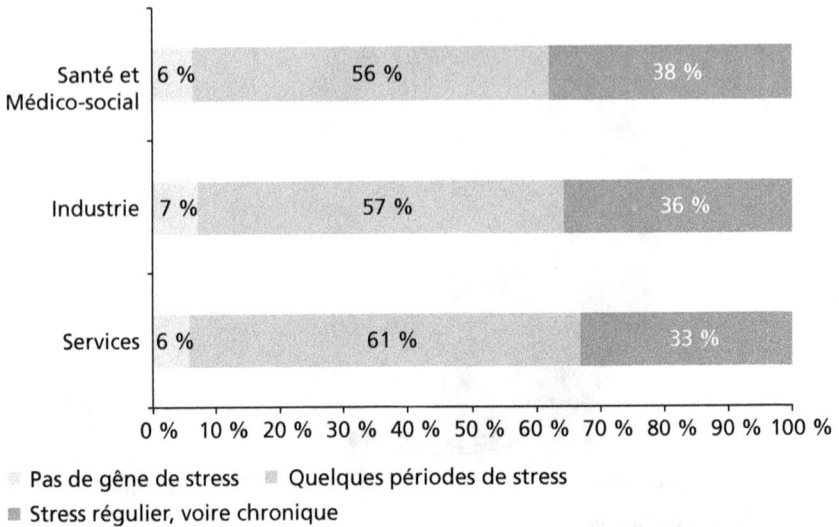

Fig. 5 – Le stress perçu en France, selon le test psychométrique de Cohen.
Détail par secteur d'activité. Chiffres issus du panel Better Human Cie (n = 4 156).

Le stress, un champ de bataille

Pour faire face à la guerre économique, près de 40 % des salariés en France sont donc en stress chronique. Et si rien n'est fait pour enrayer ce phénomène, bientôt un salarié sur deux sera en danger pour sa santé. Il existe encore un important déni du stress face à cette réalité.

■ Des victimes à la pelle

Dans cette guerre, comme sur tous les champs de bataille, il y a toutes sortes de victimes :

• des morts par suicide, infarctus du myocarde ou accident vasculaire cérébral ;

• des blessés graves par harcèlement moral ou accident du travail ;

• des blessés plus légers par anxiété, baisse de l'immunité et manque de respect ;

• des malades dépressifs, épuisés, qui finissent par déserter et abandonnent le combat (absentéisme).

À l'inverse, il y a ceux qui, la peur au ventre, viennent au combat, même malades, ou ceux qui se disent qu'il faut être là sans prendre trop de risques et font du présentéisme, et enfin il y a les héros pleins d'idéaux qui, à force d'y croire et de surinvestir, finissent brisés par un burn-out.

Toutes ces « gueules cassées » développent, pour résister, des stratégies addictives.

Des addictions en tout genre

Les addictions sont multiples et peuvent être très variées. Elles sont souvent cumulatives : alcoolisme mondain, tabagisme quotidien, prise de drogue – cannabis, cocaïne ou héroïne – et de médicaments tels les anxiolytiques et les antidépresseurs qui sont des mirages du bien-être.

L'addiction aux nouvelles technologies de l'information et de la communication (NTIC) telles que le téléphone mobile, la tablette, et aux jeux vidéo, dont il est difficile de se déconnecter, est aussi devenue une véritable pathologie.

Et, toujours pour résister et pour tenter d'évacuer le stress de la journée, l'on voit se développer depuis plusieurs années, une nouvelle mode : les coureurs du soir, les apprentis marathoniens, qui ne font plus du sport pour leur plaisir mais juste parce que, sans ces heures pour évacuer leur stress, ils ne peuvent ni dormir ni repartir le lendemain.

De nouvelles maladies se développent

De nouvelles maladies font leur apparition, par exemple le syndrome de déficit de l'attention professionnelle (SDAP), lorsque l'individu, surchargé de travail, à force de répondre sans cesse à des mails, de réagir dans l'urgence et de devoir concilier des injonctions paradoxales a perdu sa faculté de réflexion et se retrouve dans l'impossibilité de se concentrer. Face à ce monde effervescent, se développent des méthodes de relaxation (type yoga) et de méditation en pleine conscience. Pour avoir le sentiment de se retrouver, il est ici question pour l'individu de prendre juste le temps de se poser, de se recentrer pour être capable ensuite de mieux vivre, ressentir les choses et faire face. Cela permet de dire « non » en toute conscience aux trop nombreuses sollicitations.

Épuisement et stress permanent, comment tenir jusqu'à la retraite ?

Anne est un dinosaure, elle a 55 ans et est assistante de direction depuis plus de trente-cinq ans. À ses débuts, elle travaillait pour un patron, « un vrai chef qui savait reconnaître le travail et les hommes et les femmes qui le faisaient. Il n'avait pas d'ordinateur, mais il connaissait bien le travail de son personnel et appelait chacun par son prénom ». Aujourd'hui, elle travaille en 3 langues, pour 3 patrons à la fois. Ils se croisent, ne sont pas de la même nationalité et ont des habitudes différentes. Elle se démène pour leur rendre la vie plus simple, jongle avec les agendas, les réunions à organiser, les « conf-call » avec décalage horaire, les avions et les hôtels, les notes de frais, les bons de commande et les saisies de dossiers complexes. Chacun a ses priorités… qui sont plus prioritaires que celle des 2 autres. Elle affirme : « Ce sont les patrons qui ont changé, ils n'ont plus le temps de rien, pas même de dire bonjour, ni merci. Ils nous imposent leur rythme de travail fou. On dirait qu'ils n'ont pas de vie en dehors du travail. » Malgré les cours de langue, de gestion du temps et les formations à l'utilisation de logiciels toujours plus complexes, « Les gros dossiers arrivent toujours à 17 heures, juste avant mon départ. L'un veut des tableaux complexes avec des tas de couleurs "pour demain 10 heures", l'autre ne me donne pas les informations nécessaires pour son voyage, "vous n'avez qu'à deviner !", et le dernier a complètement oublié le travail qu'il m'avait demandé la veille, "Ah oui ! je n'en ai plus besoin". » Elle fait alors du mieux qu'elle peut, mais elle sait qu'elle ne peut ainsi faire du bon travail et qu'elle ne pourra les satisfaire tous. Les procédures du groupe qui vient de racheter la société sont toujours plus contraignantes : elle doit utiliser 16 logiciels différents pour prouver, tracer et justifier tout ce qu'elle fait. Ses employeurs viennent d'ailleurs de la former à l'utilisation d'un nouveau logiciel. « J'ai eu deux jours de formation, mais j'avoue que je ne suis pas encore très à l'aise avec ce nouvel outil. » Mais ses patrons ne veulent rien entendre, elle doit être immédiatement opérationnelle. Elle n'en peut plus et se demande comment elle va pouvoir tenir ainsi jusqu'à la retraite. Les trente-cinq heures de travail ne sont que théoriques et, bien souvent, elle ne le termine qu'à 20 heures. En plus, la société vient de déménager, elle a désormais plus d'une heure trente de trajet matin et soir. Ses amis lui disent qu'à son âge, il lui faut commencer à se ménager. Mais comment faire ? Elle ne voit vraiment pas. « Si je ne tiens pas le coup, je vais perdre mon travail et des assistantes aujourd'hui, il n'y en a plus, c'est un métier en voie de disparition. » Et pourtant, elle aime son métier, elle aime sa boîte, mais elle n'aime plus la façon dont elle travaille. « Tout le monde semble toujours insatisfait. »

Cartographie du stress

Le stress chronique augmente depuis 2007.

■ Les femmes plus stressées que les hommes

Sur l'échelle visuelle analogique, les différences d'évaluation du stress entre hommes (28 %) et femmes (27 %) sont assez faibles. Mais près d'un tiers des hommes, contre un quart des femmes, déclarent ne pas être stressés.

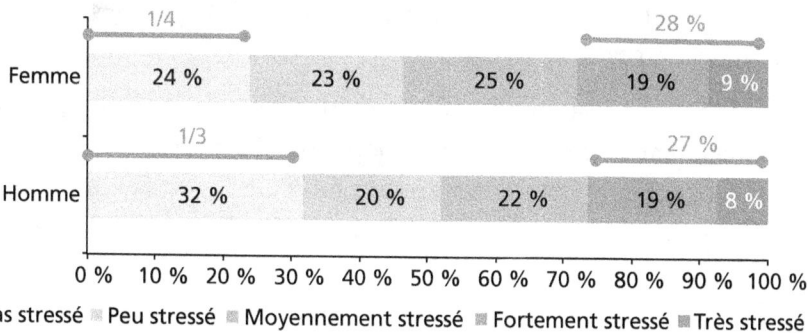

	1/4				28 %
Femme	24 %	23 %	25 %	19 %	9 %
	1/3				27 %
Homme	32 %	20 %	22 %	19 %	8 %

0 % 10 % 20 % 30 % 40 % 50 % 60 % 70 % 80 % 90 % 100 %

Pas stressé ▪ Peu stressé ▪ Moyennement stressé ▪ Fortement stressé ▪ Très stressé

Fig. 6 – Les femmes plus stressées que les hommes selon la méthode d'auto-évaluation par EVA. Chiffres issus du panel Better Human Cie (n = 11 380).

D'après le test de COHEN, l'écart se creuse et 43 % des femmes sont en stress chronique, contre 29 % pour les hommes.

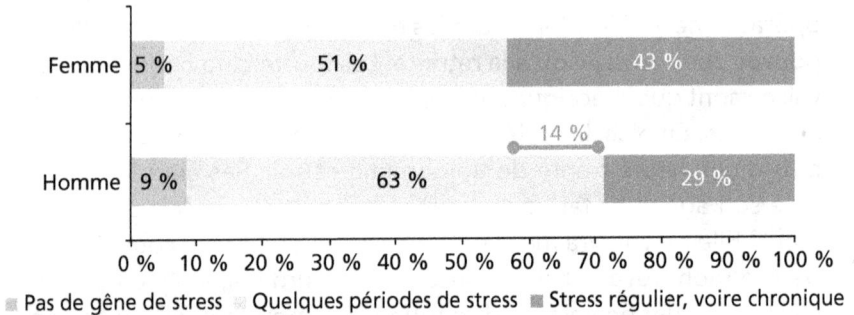

Fig. 7 – Les femmes plus stressées que les hommes. Un écart de 14 %
entre les 2 genres selon le test psychométrique de Cohen.
Chiffres issus du panel Better Human Cie (n = 4 156).

Les femmes sont plus fréquemment victimes de dépression, migraines, troubles du sommeil. Pour lutter contre ce stress, elles consomment (souvent ou occasionnellement) pour 21 % d'entre elles contre 10 % chez les hommes[1] plus de somnifères, d'antidépresseurs ou d'anxiolytiques. Mais elles mènent des doubles journées : en plus de leur temps de travail en entreprise, elles consacrent 4 heures/jour aux tâches ménagères et aux enfants contre 2 heures pour les hommes.

Les femmes ont souvent des positions hiérarchiques inférieures, sujettes à des pressions managériales (harcèlement sexuel, quolibets, insultes répétées...) et s'en défendent moins bien que les hommes. Elles ont moins de marge de manœuvre qu'eux.

Les femmes souffrent plus de TMS (douleurs aux épaules, bras, coudes, poignets, mains et cou), car elles occupent des postes de travail plus sédentaires que les hommes et ont une musculature moins développée. 12,7 % de salariés ont 1 TMS[2], 7,7 % en ont 2, 4,7 % en ont 3.

1. Premier baromètre de la santé en entreprise, Institut CSA, AXA prévention, janvier 2012.
2. Base Better Human Cie 2011, n = 6 546.

Ce que l'on constate grâce à ces chiffres, c'est une relative sous-évaluation chez les femmes entre la perception immédiate de 28 % de leur niveau de stress et celle issue du test psychométrique (43 %). On pourrait même dire qu'elles sous-estiment leur niveau de stress, ou y sont tellement habituées qu'elles ne le ressentent plus autant.

En revanche, chez les hommes la perception immédiate de 27 % est très cohérente avec la « réalité » du test psychométrique, qui est à 29 %. Mais attention, ce sont aussi les hommes (88 %) qui passent plus à l'acte suicidaire que les femmes (22 %).

▪ Les hommes passent plus à l'acte suicidaire

L'une des rares études sur les suicides au travail a été effectuée par la Caisse nationale d'assurance maladie des travailleurs salariés et la Direction des risques professionnels (CNAMTS/DRP) sur les 107 décès par suicide ayant fait l'objet d'une demande de reconnaissance au titre des accidents du travail entre janvier 2008 et décembre 2009, dont 56 en 2009. Parmi les 107 suicides déclarés, 94 concernent des hommes (88 %) et 50 (47 %) relèvent des professions intellectuelles supérieures et professions intermédiaires.

Chapitre 3

Principales causes de stress au travail

À la fin des années 1980 est né ce que l'on a appelé le « management par le stress ». Il a été valorisé, institutionnalisé, enseigné dans toutes les écoles de management qui s'appelaient école de commerce à l'époque. Les gourous du management de l'époque s'appuyaient même sur une courbe scientifique pour étayer leur discours. La courbe de YERKES et DODSON qui datait de 1908. Elle démontrait en substance que plus on augmentait le stress et plus la performance croissait jusqu'à un certain niveau où elle décroissait.

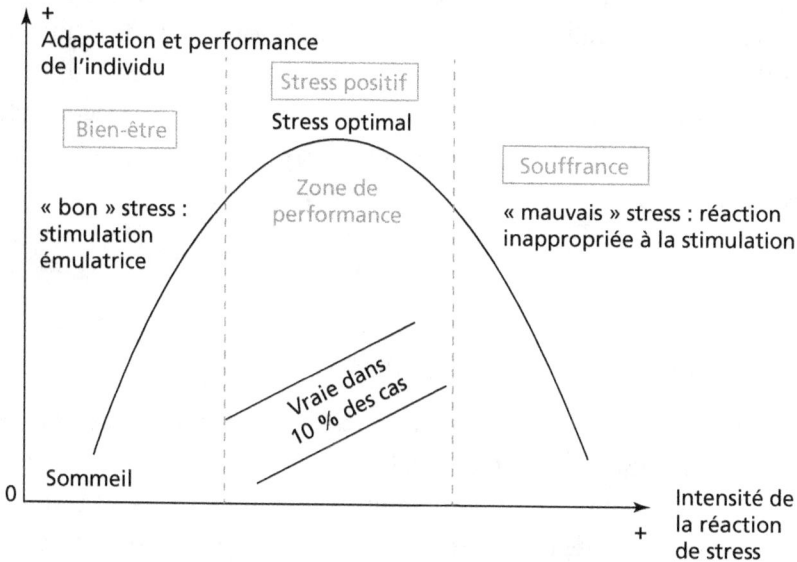

Fig. 8 : La courbe de Yerkes et Dodson, 1908.
Courbe de relation entre stress et performance.

Il aura fallu attendre 2008, cent ans plus tard, pour que le Pr Éric GOSSELIN démontre que cette courbe n'était vraie que dans 10 % des cas !

Il s'est appuyé pour cela sur une analyse portant sur 52 études, menées entre 1980 et 2006, portant sur la relation entre le stress et la performance (1980-2006).

De cette analyse, il ressort que 75 % (39/52) des études confirment une relation inversement proportionnelle entre le stress et la performance, c'est-à-dire que plus le stress augmente, plus la performance diminue. Dans 15 % (8/52) des cas, les études n'observent aucune relation entre le stress et la performance. Dans seulement 10 % (5/52) des cas, les études identifient une relation curvilinéaire entre le stress et la performance, c'est-à-dire que la performance augmente avec un peu de stress et diminue s'il y en a trop peu ou trop.

Il n'est donc plus possible d'entendre encore dire qu'« un petit peu de stress cela fait du bien » !

Depuis le début des années 2000, la charge psychologique de travail augmente et en parallèle, suite à la re-taylorisation du travail, l'autonomie/la marge de manœuvre pour accomplir les tâches se réduit. Plus encore, le soutien et la reconnaissance au travail chutent de façon régulière. Bien entendu, ces tendances lourdes sont à modérer en fonction des types de métier.

Incivilités, violences et manque de respect dans les relations professionnelles

Les accidents graves dans l'entreprise démarrent par une succession de petites choses, je l'ai déjà dit, mais il faut le répéter. Au départ, c'est juste un manque de courtoisie (on ne se dit plus ni bonjour, ni au revoir, ni merci), un manque de respect (on ne se voit plus), puis viennent les incivilités (remarques agressives, mails sans politesse...), ensuite les agressions verbales (celles qui ne se voient pas mais qui laissent des traces, surtout si elles sont régulières), et enfin les agressions physiques (gifle, coup de poing, bataille...). Il est important de ne pas tolérer ces incivilités, même les plus mineures, car le dérapage est ensuite rapide et difficile à contrôler.

On constate que les incivilités et le manque de respect sont aussi fréquents dans les relations clients, fournisseurs, prestataires (27 %) que dans l'entreprise (26 %). Ce non-respect peut prendre des formes très diverses, comme le sentiment de ne pas être écouté ou de ne pas être vu par son manager.

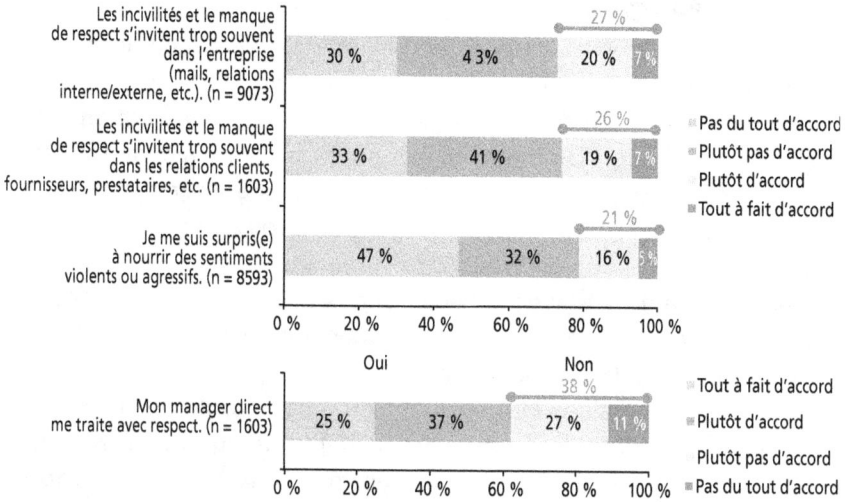

Fig. 9 : Les incivilités, violences et manques de respect
dans les relations professionnelles en France sur 2010-2014.
Chiffres issus de la base de données Better Human Cie.

L'assistante qui n'existait pas

Un jour, je fus époustouflée par une assistante d'un membre du comité de direction qui me dit : « Vous savez, les gens viennent voir mon patron, ils passent devant mon bureau, ils ne me voient pas, ne me disent jamais bonjour. Je suis moins qu'une plante verte car au moins les plantes, on doit les arroser. Chez nous, ils ne respectent pas les gens mais uniquement les fonctions. »

Ce manque de respect quotidien est d'une grande violence. Et parfois c'est le non-respect d'une équipe entière.

Le logiciel qui faisait la sieste et voulait faire des économies

Il était une fois une entreprise française rachetée par un groupe espagnol. Pour optimiser les coûts, après les affres de la réduction des effectifs, sont arrivées les obligations de travailler avec les mêmes outils. Comme cela se fait classiquement, un logiciel unique a donc été mis en place pour la gestion de toute la comptabilité des pays européens. Mais depuis cette harmonisation, les Français s'arrachent les cheveux, les bugs informatiques sont fréquents et nombreux. Et étonnamment, ce sont tous les après-midi que le système ne fonctionne pas. Les appels au service informatique n'y changent rien. Ils disent, eux aussi, ne plus avoir la main sur le logiciel et n'ont pas eu leur mot à dire sur le choix de celui-ci. Ils affirment qu'il faut faire avec. Les personnes concernées par cet outil défaillant sont des salariés très impliqués qui sont contents d'avoir pu garder leur job. Chaque jour des heures de travail sont perdues, et au fil des semaines l'épuisement dû à ces problèmes informatiques se fait sentir. Ces petits empêchements quotidiens minent l'ambiance de travail et créent des tensions entre collègues. Le ton monte aussi du côté des managers qui, eux, voient que le travail n'est pas fait en temps et en heure. D'un côté donc, des efforts immenses pour essayer de faire tout le travail le matin et de l'autre une insatisfaction de la direction. Un après-midi, une altercation violente éclate entre le manager et Sylvie, une des salariées, au point que toute l'équipe s'arrête de travailler et que le SAMU est appelé en urgence pour évacuer la salariée qui semble étouffer. Crise d'asthme, dira le médecin. Le Comité d'hygiène, de sécurité et des conditions de travail (CHSCT) lance alors une alerte, et travaille à comprendre enfin le pourquoi de cette altercation. Très vite, les collègues expliquent les problèmes quotidiens avec le logiciel et les remarques de la hiérarchie sur la non-efficacité de l'équipe. Sylvie est une femme de 35 ans qui élève seule ses 2 enfants. Elle est à la fois l'assistante de l'équipe et en charge de la comptabilité. Cela fait des mois qu'elle explique son impossibilité à rendre un travail de qualité à son manager. Irritée par son manque d'écoute et surtout d'efficacité, elle n'a pu se contrôler et s'est énervée au point de déclencher une crise d'asthme face au sentiment d'injustice que faisaient naître les remarques de son supérieur. Après des heures de négociations avec la direction, il a été enfin pris la décision de demander à la direction espagnole pourquoi le logiciel ne fonctionnait pas en France. Et vous n'imaginerez pas quelle fut la réponse ! Eh bien, pour des raisons d'économie, les Espagnols avaient gardé leur propre logiciel. Quant à leur système de maintenance, il ne fonctionnait jamais entre 13 heures et 16 heures pour des raisons de sieste en Espagne. Pas une seule fois les ingénieurs ne s'étaient posé la question de savoir si cela avait un effet sur le reste des populations qui devaient utiliser ce logiciel.

Une charge de travail en constante augmentation

La dictature du « faire plus avec moins dans un temps toujours plus court » a entraîné une augmentation forte de la charge de travail. Il y a donc moins de salariés, pour produire plus et plus vite. Et malgré nos trente-cinq heures, nos réductions de temps de travail (RTT), nos vacances, nos syndicats et notre Code du travail ultra-contraignant, cette charge de travail ne cesse d'augmenter et de se concentrer sur des populations qui finissent par mettre leur santé en danger.

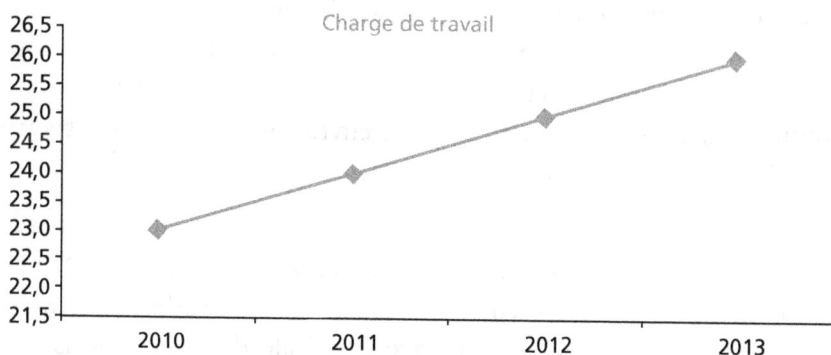

Fig. 10 – Évolution de la charge de travail (médiane) en France sur 2010-2013 selon le modèle de Karasek. Chiffres issus de la base de données Better Human Cie (n = 11 558).

Un psychologue américain, Robert KARASEK, a théorisé les problématiques de santé et de stress au travail. Il a conçu un modèle permettant d'identifier en 26 questions des populations à risque de développer un stress-maladie. Trois dimensions sont prises en compte :

- la demande psychologique qui regroupe la masse de travail, son intensité et son caractère morcelé (charge) tels qu'ils sont ressentis par le salarié ;

- la latitude décisionnelle qui renvoie aux marges de manœuvre perçues par les salariés (autonomie), mais aussi aux possibilités d'utiliser et de développer ses compétences ;

- le soutien social qui décrit l'aide dont peut bénéficier le salarié dans son travail auprès de ses collègues et de son supérieur hiérarchique direct (n + 1).

Dans les années 1980, KARASEK a découvert très simplement que pour développer une maladie de son stress, avoir une charge psychologique élevée ne suffisait pas. En effet, si vous avez une forte charge de travail mais une latitude décisionnelle importante, vous ne développerez pas de maladie liée à votre stress car vous avez le pouvoir d'agir. En revanche, si vous avez une forte demande psychologique et pas ou peu d'autonomie, alors vous avez perdu votre pouvoir d'agir et vous êtes en « travail tendu », donc très à risque de développer une maladie.

Dans les années 1990, KARASEK a découvert qu'une troisième dimension avait aussi son importance : le soutien social des collègues, des pairs et de la hiérarchie. Si vous avez une forte charge, une faible autonomie et un faible soutien social, vous avez encore plus de chance de développer rapidement une maladie. À l'inverse, on sait aujourd'hui qu'un soutien social fort et une marge de manœuvre pour organiser son travail sont des facteurs très protecteurs.

Le modèle de KARASEK est l'un des modèles les plus utilisés dans le monde pour évaluer les risques du travail sur la santé. Il est scientifiquement validé, et a été utilisé, entre autres, par le ministère du Travail pour son enquête SUMER (SUrveillance Médicale des Expositions aux Risques professionnels). Cette enquête, réalisée en 1987, 1994, 2003 et

2010 conjointement par la Dares et la Direction générale du travail (DGT)/Inspection médicale du travail et menée avec le concours des médecins du travail, avait pour but de mesurer l'évolution des expositions professionnelles des salariés en France.

Une autonomie réduite à la portion congrue

Depuis quelques années, la marge de manœuvre des salariés dans l'accomplissement de leurs tâches se réduit car il existe une volonté dans tous les secteurs de re-tayloriser[1] le travail et d'augmenter le contrôle pour gagner toujours plus en rentabilité.

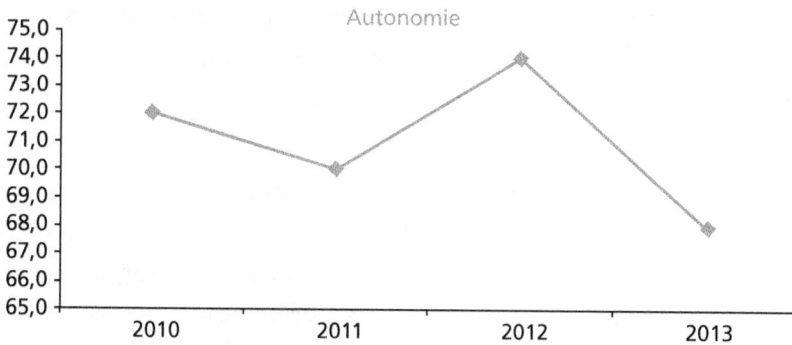

Fig. 11 – Évolution de la charge de travail (médiane) en France sur 2010-2013 selon le modèle de Karasek. Chiffres issus de la base de données Better Human Cie (n = 11 558).

Partout, le pouvoir d'agir se réduit. On oblige les individus à travailler selon des règles, des normes, des processus, des automatismes, pour limiter les risques du facteur humain. Mais c'est de cette façon que les

---

1. Le taylorisme est « une méthode de travail qui tire son nom de celui de l'ingénieur américain Frederick Winslow TAYLOR (1856-1915). Elle repose sur une division du travail en tâches simples et répétitives individuellement optimisées et sur le paiement des employés au rendement. » C'est donc un modèle qui vise à organiser scientifiquement les tâches de chaque employé et à les rationaliser afin d'obtenir les meilleurs rendements possible. Les ingénieurs et la hiérarchie conçoivent des systèmes de production efficaces, le travailleur étant considéré comme un outil de production. Après un franc succès au cours du XXᵉ siècle, cette méthode avait, dans les années 1960, été combattue par tous les syndicats qui se plaignaient de « l'abrutissement des hommes au travail ».

entreprises se privent de l'intelligence humaine, ligotent les salariés, tuent petit à petit leur fierté et leur estime d'eux-mêmes et détruisent leur motivation. Et l'on retrouve l'épuisement au travail et la perte de sens par la division du travail qui ne donne plus de vision globale.

L'autonomie dans l'entreprise, ce n'est pas l'anarchie, mais c'est la possibilité d'organiser son travail comme on le souhaite dans un cadre et avec des missions bien définies ; mais aussi celle de pouvoir apprendre des choses nouvelles dans son métier et donc de pouvoir évoluer.

Le travail n'est pas reconnu

La reconnaissance est d'abord une réaction constructive au sens où elle crée un lien à la fois personnalisé, spécifique et à court terme. Elle participe à la bonne santé. Elle est ce que nous attendons tous et qui nous fait avancer plus vite.

Les processus de reconnaissance sont nécessaires pour le développement de l'individu, y compris dans l'univers professionnel où ils peuvent participer à la consolidation de l'identité personnelle[1] et au développement de la motivation intrinsèque par le biais de la construction d'une bonne estime de soi.

La reconnaissance, contrairement aux idées reçues, n'est pas uniquement financière (salaires, primes, intéressement, participation...) mais aussi symbolique (l'estime, les promotions, le statut, la sécurité...). Savoir dire juste « merci pour votre contribution » ou « bravo pour ce que vous avez fait » se révèle être un puissant moteur de motivation pour chaque salarié.

En France, les managers ne sont pas formés à remercier et le processus de reconnaissance au travail est particulièrement déficient. Déjà à l'école, la mise en compétition est permanente. Il n'y a que les fautes qui sont soulignées, et rarement les bonnes choses. Ce n'est jamais correct, ni jamais parfait. Ce sont de mauvaises habitudes qui sont prises très

---

1. P. MOLINIER, *Les Enjeux psychiques du travail*, Payot, Paris, 2008, p. 139.

tôt. C'est sans doute aussi l'une des raisons pour lesquelles on retrouve des exigences démesurées dans les entreprises.

L'échec est toujours mal vécu et mal perçu dans notre pays, alors que les périodes d'échec sont de fabuleuses périodes d'apprentissage. Elles sont d'ailleurs très valorisées dans d'autres pays comme aux États-Unis ou au Canada où celui qui a eu un échec est perçu comme plus armé pour affronter de nouveaux défis. Si vous voulez réussir aux États-Unis, il vous faudra savoir parler de vos échecs au moins autant que de vos réussites.

Plus de 60 000 faillites ont lieu chaque année dans l'Hexagone. Il existe depuis peu une association, 60 000 Rebonds, qui accompagnent les entrepreneurs après une faillite. Parmi eux se trouvent de très nombreux talents ainsi que des expertises essentielles pour l'entrepreneuriat français et pour la vitalité de notre économie. Mais rien, ou presque, n'existe pour aider ces entrepreneurs à rebondir.

Dans les entreprises, c'est même pire, j'entends souvent les patrons dire : *« Pourquoi voulez-vous que je remercie mes salariés ? Ils sont payés pour bien faire leur travail. »* Quel dommage de ne pas savoir utiliser les principaux ressorts de l'homme que sont le plaisir et le désir légitime d'être reconnu dans le regard de l'autre !

En fait, selon J.-P. BRUN[1], le sentiment de non-reconnaissance est la première cause de souffrance au travail dans toutes les études qui ont été publiées. Pour lui, quatre dimensions principales sont à prendre en compte :

- la reconnaissance de la personne qui porte sur l'individu en tant qu'être singulier ;

- la reconnaissance des résultats qui est une approche comportementale en relation avec des résultats effectifs et mesurables ;

- la reconnaissance de l'effort et de l'engagement, n'aboutissant pas forcément sur des résultats adaptés, qui est l'approche comportementale de la reconnaissance ;

---

1. J.-P. Brun, « La reconnaissance au travail », www.scienceshumaines.com

- la reconnaissance des compétences, ou perspective éthique qui met en avant la qualité de la relation.

Chacune de ces approches de la reconnaissance correspond à des pratiques différentes :

- saluer les collègues ou les consulter avant une décision pour la reconnaissance de la personne ;

- délégation et responsabilisation pour la reconnaissance de la compétence ;

- remerciements vis-à-vis de l'investissement pour la reconnaissance de l'effort fourni ;

- valorisation (qui peut être financière) pour la reconnaissance des résultats.

Manager de tableaux

Franck, 27 ans, est un jeune commercial sorti d'une bonne école de commerce. Il travaille depuis quatre ans dans un grand groupe et a pris, il y a un an, la responsabilité d'une équipe de 10 personnes : 3 sont plus jeunes que lui, 3 ont son âge et 4 sont plus âgés. Deux d'entre eux auraient aimé avoir son poste. Il ne connaît pas bien le métier de tous ses collaborateurs mais « l'important, c'est qu'eux le connaissent ». Il est célibataire, veut grimper vite et applique à la lettre les consignes de son entreprise. Il sait déjà quel poste il souhaite atteindre. Sa trajectoire est tracée. Plein d'enthousiasme et d'ambition, ses 2 devises sont : « ne pas perdre de temps » et « des résultats avant tout ». Tout ce qui n'est pas directement lié au résultat ne l'intéresse pas. Il fixe les objectifs avec son équipe tous les lundis matin. Il sait que la charge de travail est importante mais il encourage ses collaborateurs, se bat pour obtenir des moyens pour réussir. Il travaille dur, lui aussi, pour peaufiner les présentations de ses résultats à son manager. Il a même accepté de prendre, en plus, un nouveau projet d'innovation produit, qui permettra de montrer ses compétences à la direction et de gagner plus vite le poste dont il rêve.

Depuis, il a moins le temps de s'occuper de son équipe. Il se contente de manager les tableaux et indicateurs qu'on lui demande de renseigner. C'est un champion, question tableaux. En fait, il ne manage plus des hommes mais des outils, pour gérer les sacro-saints résultats, les congés, les notes de frais et les pseudo-entretiens annuels…

Des notations individuelles à revoir

Des systèmes de notation sont apparus dans de nombreux groupes. Ils ne sont pas toujours justes par rapport à la réalité de l'investissement des équipes.

Les promesses non tenues

Lors des entretiens annuels, Rémy, jeune manager qui aime le handball et la compétition qu'il pratique à haut niveau, a appris qu'il devait noter ses collaborateurs, selon une grille allant de 1 (personne qui doit quitter immédiatement l'entreprise pour faute grave) à 5 (personne avec des résultats exceptionnels qui doit évoluer et avoir une augmentation significative). En réalité, 80 % des salariés du groupe sont notés 3 (bons résultats mais peut mieux faire), entre 2 (efforts mais résultats non atteints, pas d'augmentation, et si pas d'amélioration, pas possible de vous garder) et 4 (très bons résultats et forte implication, augmentation collective), et 10 % dans les extrêmes. Cette grille ne permet pas de reconnaître la contribution réelle de chacun aux résultats du collectif mais elle a été conçue pour n'augmenter que 10 % des salariés dans chaque équipe. Cette année, il sait qu'il a beaucoup demandé à ses collaborateurs. Il leur avait promis une prime s'ils dépassaient les objectifs de 20 %. Ils ont explosé leurs objectifs malgré une concurrence forte et la crise qui réduit le pouvoir d'achat. Les 20 % au-dessus sont atteints, trois jours avant la fin de l'année ! Il est fier de son équipe. Il espère bien pouvoir donner cette prime promise à tous.

Malheureusement cette année aussi, une autre branche du groupe a perdu beaucoup d'argent et par solidarité, la direction lui annonce qu'aucune prime ne pourra être donnée. Alors pragmatique il se dit, « je vais noter tout le monde à 5 ». Mais là, sa direction lui déclare que cela n'est pas possible, seuls 10 % de ses collaborateurs peuvent être dans cette case. Et puis, c'est son rôle de manager, d'assumer et d'expliquer. Il est aussi payé pour cela.

Rémy est mal à l'aise, il ne sait pas comment annoncer ces mauvaises nouvelles à son équipe. Lors des entretiens individuels, il explique ce que la direction lui a imposé. Tous lui reprochent de ne s'être pas battu pour défendre l'équipe et ses résultats. Chacun lui dit, « tu t'étais engagé, nous avons largement dépassé nos objectifs, tu ne tiens pas tes promesses, nous ne pouvons plus avoir confiance en toi. » Il tente d'expliquer que ce n'est pas lui qui décide et que le monde est incertain. Alors tous pensent que ce n'est pas un vrai chef.

Les mois suivants, les frustrations sont au plus haut et l'ambiance se dégrade. Les résultats ne suivent plus, d'autant que Rémy le héros vient d'être promu, lui, au vu des bons résultats de l'équipe. Ses 10 collaborateurs voient arriver un nouveau jeune manager. Et l'histoire recommence. Mais l'équipe, cette année, a décidé de mesurer ses efforts et de ne plus chercher l'exploit.

Rémy, quant à lui, est écartelé entre son ambition et ses valeurs. Il commence à avoir de l'eczéma, il ne dort plus bien la nuit. On lui fait bien comprendre que s'il veut prendre des postes de direction, il faudra bien qu'il choisisse.

Au moins au handball, les règles ne changeaient pas en cours de compétition…

Quand le travail n'a plus de sens et conduit au conflit de valeurs

Le sens du travail, c'est tout simplement savoir « pourquoi je travaille ». C'est aussi ce qui me rend fier de mon travail.

Les professionnels de santé, qui prennent soin des gens, ont un sens du travail très fort. Ils savent pourquoi ils se lèvent tous les matins et ont le sentiment de faire des choses utiles pour leurs congénères. Mais quand l'hôpital ou la police sont gérés comme des entreprises, cela heurte les valeurs de nombreux soignants et policiers.

Les industriels qui construisent des voitures, des avions, des ponts ont aussi un sens du travail assez développé. Ils sont fiers des objets qu'ils inventent et de pouvoir mettre ces innovations à la disposition du plus grand nombre.

En revanche, dans le secteur bancaire, assuranciel, de la téléphonie et plus globalement des services, si les salariés ne sont pas guidés par une vision forte, ils peuvent rapidement perdre le sens de leur travail.

Le travail étant devenu plus complexe, on a été obligé de le partager en davantage de petites tâches. Cette re-taylorisation du travail contribue au fait que les salariés ne comprennent plus en quoi leur travail participe à une mission plus globale. Ils ont perdu la vision. Dans le même temps, les managers n'ont souvent plus le temps d'expliquer ce sens, chacun travaille donc dans son coin, sans plus comprendre dans quel but.

Dans certains métiers, ou dans certaines organisations, nous constatons une perte du sens du travail qui est due soit à une vision exclusivement financière imposée aux salariés, soit à un conflit de valeur suite à ce que l'on oblige à faire faire à des salariés. Travailler contre ses valeurs écartèle au sens propre, et finit par rendre réellement malade. Depuis la crise financière, les banquiers n'ont pas bonne presse. Les traders fous ont été mélangés avec ceux qui financent l'économie réelle.

Dans certaines banques, les responsables de clientèle nous disent qu'ils sont chargés de « *vendre des produits ou placements qui ne servent à rien à des gens qui n'en ont pas besoin* », mais qui font gagner de l'argent à la banque. Et le pire ajoutent-ils, « c'est que nous sommes rémunérés sur le nombre de ces produits ». Il y a une perte totale du sens du travail et, souvent même, certains se rendent malades à force de devoir faire des choses qui vont à contresens de leurs valeurs.

Dans un certain nombre d'entreprises des surveillances illégales de salariés ou de clients sont réalisées. Des « mouchards » sont glissés dans les
ordinateurs des salariés. Les services informatiques savent que cela est
complètement illégal, mais on ne leur laisse pas le choix, souvent sous
couvert de protéger le secret industriel. Alors que faire ? Accepter et
étouffer son éthique mais garder son travail en se disant que si « *ce n'est
pas moi qui le fais, un autre le fera* » ; ou bien dénoncer son entreprise au
risque de perdre son emploi et toute chance de retrouver un travail ? Le
dilemme est grand et je ne jette la pierre à personne.

Savoir pourquoi l'on travaille et en quoi notre travail contribue à une
amélioration de la condition humaine est un élément essentiel de la
motivation. La principale tâche des managers devrait être de donner du
sens au travail, de l'organiser au mieux et de savoir reconnaître la contribution de chacun.

Jusqu'où peut-on aller contre ses valeurs ?

Une directrice marketing, responsable des shampoings d'une grande
marque, m'a raconté la douleur physique et mentale qu'elle ressen-
tait à travailler contre ses valeurs, au point qu'elle a d'ailleurs quitté
ses fonctions. Elle me disait : « Comment veux-tu que je fasse ? Qua-
siment tous les Français utilisent un shampoing, mais chaque année
on me demande une croissance de 15 % de plus. Cela était statisti-
quement impossible. » Alors ses équipes ont inventé l'avant shampoing et puis l'après-shampoing. Mais jusqu'où peut-on ainsi tromper le consommateur ? Cette jeune femme brillante a quitté le
marketing et cette grande multinationale pour revenir à des choses
plus concrètes. Elle va mieux, elle a changé de vie, de ville et de
métier.

Chapitre 4

Les conséquences
de ce stress chronique

Quand on parle de santé, tout le monde pense à absence de maladie et à la médecine. Nous sommes bien loin de la définition de l'Organisation mondiale de la santé (OMS) qui définit la santé comme « un état de complet bien-être physique, mental et social, et ne consiste pas seulement en une absence de maladie ou d'infirmité[1]. »

Sur le plan physique, les premiers symptômes d'une altération de la santé dus au stress chronique sont les conséquences des troubles du sommeil répétitifs avec le typique réveil à 4 heures du matin, et la grande fatigue qui en résulte. Puis s'ensuivent les douleurs musculaires telles que les lombalgies, les migraines, les malaises, les problèmes digestifs, tous les troubles du comportement alimentaire avec les variations de poids, et l'importante baisse de l'immunité à l'origine des infections à répétition.

Sur le plan mental, les premiers signes qui apparaissent, et que nous appelons les « signaux faibles », sont une baisse de la motivation et de la concentration, une anxiété plus ou moins généralisée (danger impalpable, dramatisation, peur), ou une dépression (sentiment d'impuissance, vision négative du monde et de soi-même).

Sur le plan émotionnel, les signes initiaux sont l'irritabilité, l'hypersensibilité, ou l'isolement de la personne.

Sur le plan énergétique, la fatigue chronique et la lassitude à faire les choses dominent.

---

1. Préambule à la constitution de l'Organisation mondiale de la santé, tel qu'adopté par la conférence internationale sur la Santé, New York, 19-22 juin 1946, signé le 22 juillet 1946 par les représentants de 61 États et entré en vigueur le 7 avril 1948, *Actes officiels de l'Organisation mondiale de la santé*, n° 2, p. 100.

© Groupe Eyrolles

Et au bout d'un certain temps, différent pour chacun, le cortège des maladies s'exprimera selon les points de fragilité de chacun. Certains développeront des maladies de peau, d'autres seront plus gênés par des problèmes digestifs, ceux qui intériorisent plus feront de l'hypertension artérielle qui conduit à l'accident vasculaire cérébral.

Hier, on se tuait lentement à la tâche, et l'espérance de vie des travailleurs ne dépassait pas cinquante ans. Aujourd'hui, on se suicide à cause de la perte de sens du travail ou par peur de ne plus y arriver. Les cadences infernales obligent à un travail sans qualité, les objectifs individualisés et la compétition permanente rendent fou. La pression sur les hommes s'est amplifiée, ce n'est plus seulement leur santé physique qui est en jeu mais aussi leur santé mentale.

Une santé mentale plus touchée que la santé physique

C'est ce que nous constatons dans nos questionnaires. Sous le terme de « santé mentale » se cachent des populations souvent très perfectionnistes, émotives, anxieuses, irritables ou colériques, qui ont des troubles du sommeil. La santé physique est évidemment plus touchée lorsque les populations ont une moyenne d'âge plus élevée. Dans nos diagnostics, les troubles de la santé mentale sont toujours largement plus élevés que ceux de la santé physique. Nous constatons que la santé mentale est touchée pour 44 % des salariés alors que la santé physique n'est atteinte que pour 28 % d'entre eux. Cela corrobore bien le fait que la santé mentale est bien l'enjeu majeur de la santé au travail au XXIe siècle. Nous observons aussi que les addictions touchent en moyenne 16 % des salariés interrogés (tabac et alcool déclarés pour 20 % des salariés et médicaments ou drogues pour 13 %).

Si dans le monde de l'entreprise, grâce au travail des personnes en charge de la prévention et des médecins du travail, on assiste à une réduction importante des accidents du travail, les maladies professionnelles sont, elles, en augmentation. En particulier celles qui touchent à la santé mentale, tel le burn-out qui n'est pourtant pas encore reconnu comme une maladie professionnelle ; même si un projet de loi sur ce sujet est en cours de discussion. Une maladie peut être reconnue comme maladie professionnelle si elle figure sur l'un des tableaux annexés au Code de la Sécurité sociale. Ces tableaux sont créés et modifiés par décret au fur et à mesure de l'évolution des techniques et des progrès des connaissances médicales. Toute affection qui répond aux conditions médicales, professionnelles et administratives mentionnées dans les tableaux est systématiquement « présumée » d'origine professionnelle, sans qu'il soit nécessaire d'en établir la preuve. Un 99e tableau sur le burn-out est donc à créer, cela entraînerait alors la prise en charge automatique des coûts induits, par les entreprises. Il suffit d'une volonté politique, et en « touchant au portefeuille » des entreprises, cela pourrait changer radicalement l'organisation du travail.

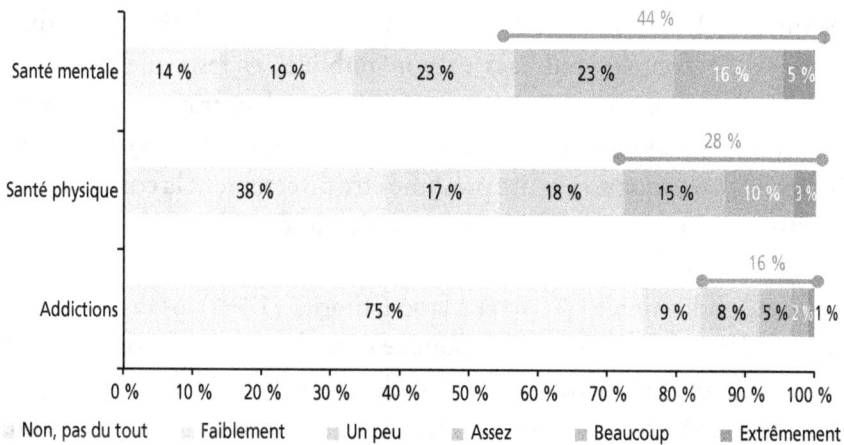

Fig. 12 : Les conséquences du stress chronique sur la santé en France sur 2010-2014, selon le test de Cungi[1]. Chiffres issus de la base de données Better Human Cie (n = 10 840).

---

1. Le docteur Charly CUNGI est psychiatre en Haute-Savoie. Spécialiste reconnu des thérapies comportementales et cognitives il a conçu un test d'évaluation des conséquences du stress sur la santé physique et mentale en 12 questions. Il intervient également sur l'affirmation de soi, la dépression et les addictions. Il est l'auteur de *Savoir s'affirmer* et, avec S. Limousin, de *Savoir se relaxer*.

Cartographie du cortège des maladies physiques

Quand les maladies sont bien installées, cela ne fait aucun doute, il y a un long moment qu'elles rôdent silencieusement.

Les principales sont les maladies cardio-vasculaires (hypertension artérielle, coronaropathies) et les plus mortelles sont les infarctus du myocarde et les accidents vasculaires cérébraux.

Plusieurs études avaient déjà signalé que le stress professionnel psychosocial pouvait contribuer à augmenter le risque de maladie coronaire. Ce risque était multiplié par 2 selon Interheart study[1] et par 1,4 (soit une augmentation de 40 %) dans une méta-analyse[2] portant sur les seules études prospectives publiées. L'amplitude du risque coronaire associé au stress professionnel varie donc selon les études car des biais peuvent entacher son appréciation. La méta analyse de KIVIMÄKI[3] diffère des méta-analyses précédentes par sa taille (elle porte sur davantage de sujets : 197 473 vs 83 000) et par sa méthodologie (elle a été effectuée à partir de données publiées et non publiées vs les seules données publiées). Les personnes exposées au stress dans leur travail auraient un risque 23 % plus élevé que celles qui n'y sont pas exposées de faire un infarctus. Le risque coronaire présumé être directement la conséquence du stress professionnel par une relation de cause à effet était de 3,4 % ; il apparaît donc bien inférieur à celui attribué au tabagisme (36 %), à l'obésité abdominale (20 %) et à la sédentarité (12 %). Mais attention, non seulement les facteurs de risque se cumulent, mais si l'on réfléchit bien, on peut se demander si le stress chronique ne serait pas à l'origine des 3 autres facteurs : le sur-travail et le présentéisme entraînent une plus grande sédentarité qui, elle-même, conduit souvent à des troubles du comportement alimentaire et à l'obésité abdominale. Pour résister face au stress chronique, les hommes ont trouvé des parades (alcool, tabac, troubles du comportement alimentaire avec grignotage, drogues,

1. *Lancet* 2004 ; 364 : 953 – 62.
2. *Scandinavian Journal of Work Environniement & Health* 2006 ; 32 : 431 –42.
3. KIVIMÄKI M. et coll. : « Job strain as a risk factor for coronary heart disease : a collaborative meta-analysis of individual participant », *data. Lancet* 2012 ; publication avancée en ligne le 14 septembre.

jeux vidéo…). Rapidement, ces addictions ont des conséquences néfastes sur la santé.

Une étude[1] a démontré que les infarctus du matin sont plus graves que ceux du soir et qu'ils seraient plus fréquents les lundis matin, juste avant de reprendre le travail. Ces maladies du cœur et des vaisseaux touchaient jusqu'à présent plus les hommes, mais les femmes sont aujourd'hui au moins autant à risque. Et si elles vous laissent en vie, elles vous handicapent aussi pour le restant de vos jours. L'existence du « après » ne sera plus jamais celle du « avant ». Même si l'on peut très bien vivre après un infarctus, l'hygiène de vie ne peut plus être la même.

Les troubles digestifs, les ulcères (de l'estomac, ou du duodénum) et les maladies inflammatoires de l'intestin (colites) sont souvent le lot des personnes très anxieuses et soumises à un stress chronique. C'est par le biais de la baisse de l'immunité que se développent ces maladies.

Attention, grossesse

Les pathologies de la grossesse sont aussi plus nombreuses chez les femmes stressées au travail. C'est pourquoi, pour éviter les accouchements prématurés et protéger les enfants à venir, les médecins n'hésitent pas à arrêter les femmes enceintes assez tôt au cours de leur grossesse. Dans un monde où tout s'accélère, il faut toujours neuf mois pour faire un bébé !

Les maladies de la peau ou dermatoses sont également fréquentes : elles peuvent prendre la forme d'urticaire, d'eczéma, de pelade (perte de cheveux) ou de psoriasis.

---

1. Comme l'ont démontré les chercheurs d'une équipe espagnole, les infarctus les plus dangereux surviennent le lundi matin entre 6 heures et 9 heures. « Circadian variations of infarct size in acute myocardial infarction », Aida Suárez-Barrientos, Pedro López-Romero, David Vivas, Francisco Castro-Ferreira, Ivan Núñez-Gil, Eduardo Franco, Borja Ruiz-Mateo, Juan Carlos García-Rubira, Antonio Fernández-Ortiz, Carlos Macaya, Borja Ibanez, *Heart*, 27th April 2011.

Dans notre base de données, 27 % des salariés interrogés se disaient « très fatigués » ou « extrêmement fatigués » et si l'on y ajoute ceux qui se disent « assez fatigués », ce chiffre monte à 54 %. Et quand on les écoute bien, les personnes ne disent plus qu'elles partent en vacances, mais plutôt qu'elles vont « recharger leur batterie ».

En outre :

- 30 % décrivent des symptômes issus de l'anxiété (troubles digestifs, douleur, maux de tête, allergie, eczéma) ;

- 23 % ont des tensions musculaires (TMS) ;

- 17 % ont des palpitations ;

- 14 % ont des maladies chroniques avérées.

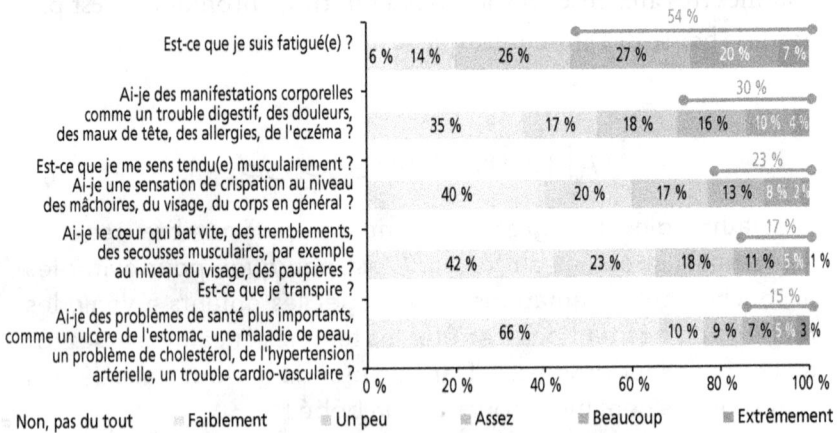

Fig. 13 – Les conséquences du stress chronique sur la santé physique en France sur 2010-2014, selon le test de Cungi. Chiffres issus de la base de données de Better Human Cie (n = 10 840).

■ Les principales pathologies mentales

Quand on parle de santé mentale, cela fait peur et devient moins clair dans l'esprit de tous. De quoi parle-t-on ? Le mental ce sont les fous, les centres de psychiatrie... tout cela nous semble bien loin de nous, gens normaux, et encore plus du monde de l'entreprise.

Les principales pathologies mentales sont l'usure au travail, l'épuisement au travail ou burn-out, les dépressions et les suicides.

On parle d'épidémie de burn-out (épuisement au travail), dans certaines sociétés de services en particulier. À l'exemple des termites qui sapent les structures sans que cela se voie, ces burn-out sont à l'œuvre pendant des mois et puis, tout à coup, des murs entiers, des équipes complètes s'écroulent.

La dépression est plus visible, plus progressive. Elle envahit généralement les salariés qui ont soit perdu le sens de leur travail, soit l'impression de devoir faire un travail sans qualité, ou à qui on demande de faire des choses contraires à leurs valeurs.

Dans notre base de données, nous notons que les salariés français sont très perfectionnistes et émotifs. Ils sont ainsi sensibles aux critiques et anxieux pour respectivement plus de 60 % et 45 % d'entre eux. Cette force d'aimer « bien faire » son travail devient un défaut lorsqu'on vous demande de faire plus et plus vite.

Le sommeil, est un problème de santé mentale qui finit par toucher la santé physique. Près de 30 % des salariés connaissent des problèmes de sommeil.

Le sommeil est un fantastique « réparateur » de notre cerveau. Il favorise la consolidation des souvenirs en permettant une réactivation des neurones qui ont été sollicités lors de l'acquisition d'une information. La qualité du sommeil qui suit cette première acquisition est essentielle à la mémorisation à long terme. Le sommeil améliore aussi les savoir-faire[1].

Aujourd'hui, on dort moins et moins bien. En France, la durée moyenne de sommeil est de 7 h 13[2] par nuit. La réduction du temps de sommeil est allée de pair avec le développement de l'éclairage puis de

---

1. Pierre MAQUET, *Cerveau et psycho*, n° 28 p. 62-65.
2. Selon une étude effectuée par l'Institut national de prévention et d'éducation pour la santé (Inpes) en 2010, sur 27 653 personnes âgées de 15 à 85 ans et publiée par le *Bulletin épidémiologique* hebdomadaire le 20 novembre 2010.

la télévision, et aujourd'hui de l'internet et du téléphone portable. Pour ceux qui dorment moins de six heures par nuit, cette durée est généralement associée à une augmentation du risque d'obésité, de diabète de type 2, de maladies cardiovasculaires ou d'accidents de la route ou du travail.

La première chose à faire, en cas de stress chronique, serait déjà de dormir 1 à 2 heures de plus par nuit !

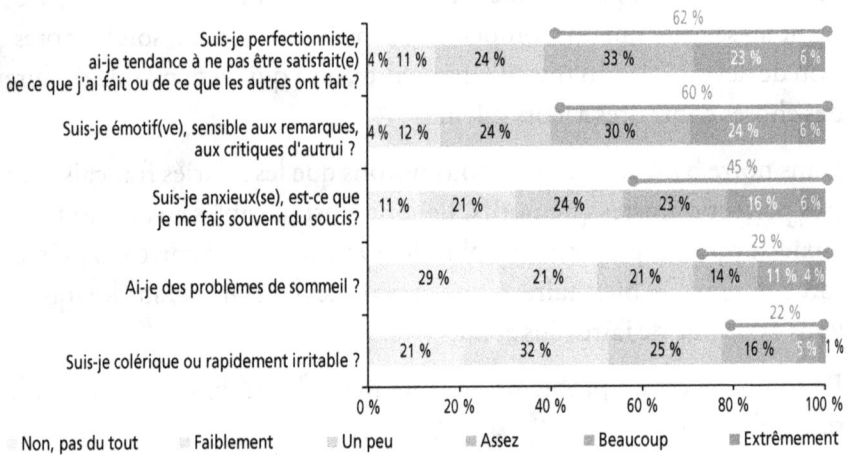

Fig. 14 – Les conséquences du stress chronique sur la santé mentale en France sur 2010-2014, selon le test de Cungi. Chiffres issus de la base de données de Better Human Cie (n = 10 840).

À la frontière des pathologies physiques et mentales, les TMS

Les TMS ou troubles musculo-squelettiques sont la première cause de maladie professionnelle en France. Autant dire qu'ils sont fréquents et très coûteux pour l'assurance maladie, compte tenu des invalidités qu'ils entraînent. En nette augmentation, ils sont dus à la contrainte de corps qui oblige à des gestes répétitifs. Les caissières de supermarché qui doivent passer un grand nombre d'objets plus ou moins lourds dans un espace très réduit avec toujours le même balancier du corps sont l'exemple type d'une population exposée à ces TMS. Mais on retrouve cette contrainte de corps chez les salariés qui passent 7 heures ou plus devant un écran d'ordinateur. La vision est alors concentrée sur un petit espace de 30 cm² où le corps est crispé, tendu. Cette tension permanente entraîne des ruptures de la circulation qui sont à l'origine des fameux TMS. Il suffit pour s'en convaincre de faire des gestes de remobilisation des muscles et d'étirement pour sentir la circulation revenir.

> Un excellent moyen de prévenir efficacement les TMS est de faire des pauses toutes les deux heures et de ré-oxygéner les tissus par des étirements réguliers, en particulier au niveau des bras et de la nuque, et par des exercices de respiration approfondie.

Des addictions classiques et nouvelles

Aujourd'hui, de nombreux salariés s'adonnent à des addictions pour supporter le stress au travail. Ces addictions sont liées à la pression à laquelle il faut résister. En réalité, tous cherchent à « tenir » pour pouvoir continuer à travailler. 16 % des salariés déclarent une addiction dont 20 % à l'alcool ou le tabac.

Tous sont dépendants aux nouvelles technologies de l'information et de la communication (NTIC) et en particulier à l'information en continu, au travers des mails et des smartphones, qui fait que la vie professionnelle déborde souvent sur la vie personnelle.

Les formes d'addiction diffèrent selon les sexes. Les hommes sont plus tentés par l'alcool, le tabac, les jeux vidéo, le marathon et parfois les drogues dures pour avoir la sensation d'évacuer le stress. Les femmes prennent davantage de médicaments pour étouffer les symptômes.

Les résultats d'un sondage effectué en 2009[1] affichaient que 17 % des salariés français prenaient des antidépresseurs. Et une étude réalisée par des médecins du travail montrait que ce pourcentage montait à 30 %

1. CSA/ANACT, « Le stress au travail », 2009.

dans l'Ouest parisien. C'est ainsi que près d'un salarié sur 3 est sous antidépresseurs dans les tours de la Défense ! Cela n'est pas pour rien que la France est le premier consommateur de psychotropes au monde. On constate que cette consommation touche davantage les femmes car, nous l'avons dit, elles prennent plus de médicaments que les hommes et c'est le moyen qu'elles choisissent pour affronter leurs « deux journées en une ».

Les médecins du travail affirment que sans ces antidépresseurs, nombreux sont ceux qui ne pourraient pas venir travailler. Certains font même le lien entre cette surconsommation et notre productivité hors norme.

Une des addictions que nous constatons aussi est l'addiction au travail, car beaucoup de personnes seules n'ont que leur travail pour occuper leur vie et beaucoup de cadres, au forfait jour, ne savent plus s'arrêter. C'est pourquoi avoir une vie familiale est un réel facteur de protection du stress au travail.

Peur et stress : une synergie paralysante

■ Décrypter la peur face au changement

La peur est une émotion ressentie généralement face à un danger ou une menace. En d'autres termes, la peur est la capacité de reconnaître le danger et de le fuir ou de le combattre, également connue sous les termes « réponse combat-fuite ». La peur est très certainement l'une des émotions les plus anciennes. C'est elle qui nous rapproche du monde animal[1], puisque le défi de notre cerveau est d'apporter une justesse de décision pour avoir des actions adaptées face aux différentes situations que nous devons gérer.

---

1. La peur est un instinct de survie qui permet aux animaux d'éviter des situations dangereuses pour eux-mêmes ou pour leur progéniture. Le principal objet de peur pour un animal est typiquement la présence d'un prédateur.

Des chercheurs[1] nous ont permis de comprendre comment fonctionne ce phénomène dans notre cerveau. En schématisant, disons que nous avons 2 cerveaux : le cerveau reptilien et le cerveau préfrontal.

Le cerveau reptilien, notre cerveau archaïque, est situé à l'arrière du cerveau. Il gouverne le stress, l'anxiété, la colère et le découragement. Il est une sorte de mémoire de tous nos automatismes, il cherche à capitaliser nos savoirs et gère le connu. Ce cerveau est très utile pour faire toutes les choses du quotidien. Par exemple lorsque vous conduisez, vous ne réfléchissez pas à chaque fois que vous changez de vitesse. C'est un automatisme. Le cerveau reptilien est un bon outil de production, il répond aux processus et à la standardisation. Il gère donc la routine, les vérifications, la simplification, les certitudes, la planification, mais aussi l'image sociale de soi ou de son entreprise.

Mais lorsque nous sommes confrontés à des choses nouvelles, ou à des changements importants, il nous faut trouver des solutions nouvelles. Et là, notre cerveau reptilien ne suffit plus. Il faut passer par notre cerveau préfrontal. Il nous permet de voir un point de vue différent, d'inventer, d'imaginer et de créer des solutions originales. Il fonctionne selon un mode mental adaptatif. Il gère la curiosité, la souplesse, les nuances, la relativité, la logique, et les opinions personnelles.

Les progrès de la neuro-imagerie nous ont permis de comprendre que les personnes qui savent passer facilement de leur cerveau reptilien à leur cerveau préfrontal s'adaptent mieux aux différentes situations de la vie, sont plus inventives, et capables de prendre des risques pour innover. À l'inverse, celles qui restent « bloquées dans leur reptilien et dans leurs automatismes » stressent plus parce qu'elles se sentent débordées, et n'arrivent pas à trouver de solutions à leur problème. Il est aujourd'hui possible d'apprendre à passer plus rapidement d'un mode mental automatique à un mode mental adaptatif. Cela concourt à résoudre plus vite les problèmes et à s'adapter au mieux.

---

1. Cf. Jacques FRADIN, *L'Intelligence du stress*, Eyrolles, 2008.

◼ Confiance en soi et bienveillance

Le stress négatif survient lorsqu'on ne sait pas s'adapter. Nous avons tous vécu ce phénomène : il est des moments dans notre vie où tout semble léger et simple car nous arrivons à nous adapter, et puis, lorsque nous sommes en surcharge de choses à faire par exemple, nous n'avons plus la bonne vision des choses, et ce qui nous paraissait facile à gérer devient insurmontable.

Dans le monde de l'entreprise, la peur peut être quotidienne : peur de ne pas arriver à faire face quand on découvre un nouveau job, peur de l'autre quand on est un jeune manager, peur de ne pas évoluer assez vite, peur de devoir changer encore de méthode, de logiciel, de chef, de locaux, peur de subir, peur de ne pas délivrer les résultats. À tous les niveaux, on retrouve cette peur. Elle est un frein puissant à la réflexion, au dialogue et à toute évolution.

Les neurosciences peuvent nous aider à vivre mieux, puisqu'il existe aujourd'hui des techniques pour apprendre à passer de notre cerveau reptilien au préfrontal. Elles nous expliquent qu'il faut apprendre à se faire confiance et que chacun doit pouvoir, grâce à l'intelligence que tout le monde possède, trouver ces solutions, sous réserve que les conditions de travail permettent juste de trouver un peu de temps pour ce faire.

Dans un monde en perpétuel remaniement, il ne peut exister de qualité de travail sans passage vers le cerveau préfrontal et donc sans de bonnes conditions de travail.

Et pourtant le changement c'est la vie même. Quand on ne change plus on meurt. Observez la dureté de vos os, tout le monde pense qu'ils sont solides parce qu'inertes, or cela est faux, ils sont bien vivants et en construction/destruction permanente. Alors oui, il est des périodes ou des âges dans notre vie où nous acceptons plus facilement les changements, mais il vaut toujours mieux les anticiper que les subir, les accompagner qu'y résister. Ils sont, comme le progrès, souvent inéluctables.

Les personnes qui ont une forte confiance en eux sont plus ouvertes, plus curieuses, plus souples. Elles prennent plus de risques, ont moins peur, ce sont souvent des vrais leaders qui savent manager leurs équipes et les conduire sur des chemins de traverse où chacun peut s'exprimer et trouver à la fois utilité et plaisir. Mais tout un chacun peut être un vrai leader de sa propre vie. D'où l'importance de développer et de conforter la confiance en soi, à tous les âges de l'existence. Et d'être bienveillant vis-à-vis de soi-même et d'apprendre à mettre en place des scénarios qui permettent de passer du cerveau reptilien au cerveau préfrontal, puis de repartir et rebondir quelle que soit l'adversité. Cela n'est pas simple. C'est le travail d'une vie.

Les peurs dans l'entreprise

■ La peur de l'avenir ou comment piloter dans le brouillard

L'avenir est incertain, c'est son essence même. Il peut offrir des surprises autant positives que négatives. Mais lorsque l'environnement est pessimiste, la peur d'échouer obère celle de réussir. Notre monde semble même manquer d'espérance collective.

Dans les entreprises, les différentes crises financière, économique et de confiance, ont rendu la peur beaucoup plus présente qu'on ne l'imagine. Elle est même souvent inconsciente, et explique de nombreux comportements. La perception de l'avenir est aujourd'hui sombre et souvent négative.

Les vrais patrons ont une vision de leur mission et de celle qu'ils veulent assigner à leur entreprise. Ils ont une véritable ambition pour eux, pour leur entreprise et pour la société. Ils savent la faire partager à leurs équipes.

Tous les dirigeants d'entreprise vous diront qu'au XXIe siècle, piloter une entreprise est comme si on pilotait une voiture de course à 200 km/h dans le brouillard. Tout va très vite. En quelques mois pour un grand groupe ou quelques années pour une PME, l'entreprise a tellement changé que, bien souvent, on ne la reconnaît plus. Ce qui veut dire que l'on ne peut plus être sûr de rien. À part que l'incertain est quotidien.

Tous les entrepreneurs disent qu'il faut du flair et de la chance, une bonne équipe et un esprit de liberté, le sens des responsabilités, de l'innovation et de la qualité, de la compétence et de la communication, et surtout une bonne dose de persévérance pour sortir du lot. Mais il faut avant tout une excellente confiance en soi. Sinon, comment piloter dans ce brouillard et arriver à ce qu'une équipe vous suive ? Il faut aimer prendre des risques. Sébastien LOEB disait que sur les circuits les plus difficiles, il pilotait à l'instinct, avec une extrême confiance en lui. Les amateurs de surf connaissent aussi cela. Cela fait de belles émotions. Il faut sentir la vague, le vent, les éléments et s'adapter en permanence.

C'est pourquoi il n'y a pas d'organisation idéale, ou de schéma idéal pour développer une entreprise. Le maître mot est de rester à l'écoute, d'évoluer, de s'adapter à ses clients, à son marché, à son époque. Et comme le disait DARWIN, « *Les espèces qui survivront ne sont ni les plus fortes, ni les plus intelligentes, mais celles qui auront su s'adapter à leur environnement.* »

Faire semblant

Depuis plus d'un an, avec une équipe de 4 ingénieurs, Maela surinvestit dans son travail. Elle fait 120 % du travail d'un ingénieur et, en plus, quand elle en a le temps, elle essaye de faire un peu de management. Elle est là dès 7 heures du matin et jusqu'à 21 heures tous les soirs pour faire avancer ses dossiers et donner un coup de main à ses collègues plus jeunes. « Je dois gérer les clients acquis en faisant bien attention de ne pas dépasser le délai d'exécution inscrit sur le contrat. Les commerciaux ont vendu pour trois mois de travail un projet qui en mériterait au moins six. » Elle, sait qu'elle ne va pouvoir livrer un travail de qualité dans ce délai. Mais ses patrons lui disent qu'elle n'a pas le choix, c'était la seule façon de décrocher le contrat. En conséquence, c'est à elle et à son équipe de trouver le compromis pour faire un travail « juste acceptable ». Elle sait que le logiciel ne satisfera pas le client, mais elle n'a pas le droit de le dire. Alors elle jongle du mieux qu'elle peut. Elle doit juste remplir des tableaux de reporting dans lesquels tous les indicateurs doivent être au vert. Faire semblant que tout va bien.

◾ La peur de perdre son emploi

Les vagues de licenciement, ont submergé la confiance en eux de nombreux salariés. Aujourd'hui, la peur de perdre son emploi entraîne une paralysie de l'intelligence, une sidération, une décérébration pour certains. C'est alors un engrenage infernal.

Peur d'être « périmé » !

Depuis des années, Jean, 45 ans, travaille dans une entreprise multinationale qui fabrique des logiciels. C'est un ingénieur impliqué et compétent ; il a même pris, il y a trois ans, pour évoluer dans son poste et faire grimper son salaire, des responsabilités de management d'équipe. Il dirige une équipe de 8 collaborateurs. Le management ce n'est pourtant pas son fort, il n'a pas vraiment été formé pour cela. Il a appris sur le tas. Et pourtant, cela ne se passait pas si mal. Mais l'an dernier, on lui a supprimé la moitié de son équipe. Depuis, il ne touche plus terre pour faire le même travail qu'avant et en plus, maintenant, il a 2 patrons : un opérationnel sur place, qui est toujours absent, et un autre, à Londres, qu'il ne voit qu'une fois par an pour son évaluation annuelle. « Vous coûtez trop cher », dit top manager. Si vous voulez être compétitifs soit vous baissez vos salaires, soit on réduit encore les équipes. Jean ne veut plus revivre les 4 licenciements qu'il a dû annoncer lui-même à son ancienne équipe. Comment sélectionner ceux qui doivent partir ? On choisit les plus « fragiles », ceux qui ont plus de 50 ans, ceux qui ne sont plus assez rapides ou pas formés aux nouveaux langages, ceux qui ne sont pas assez impliqués ou ceux qui coûtent simplement trop cher. Comment trouver les mots pour annoncer à quelqu'un de quitter une entreprise qui gagne de l'argent et dont la seule justification est de gagner plus ? Il s'est rendu compte qu'il faut licencier des gens qui font bien leur travail, juste aussi pour préserver le sien : c'est toi ou moi. C'est la guerre. Les hommes sont considérés comme des Kleenex que l'on jette après usage, sans les avoir formés. Ils se retrouvent sur le marché de l'emploi comme un produit périmé et sans perspectives d'outplacement (réservé souvent aux managers de haut niveau). Oui, les entreprises ne peuvent plus garantir l'emploi, mais elles doivent au moins garantir l'employabilité sur leur marché.

Changements permanents

« *Avant on apprenait un métier, on prenait de l'expérience pendant une bonne dizaine d'années et puis, si on était bon, on innovait et on faisait évoluer sa propre entreprise ; ou si on était excellent, on révolutionnait son métier tout entier. Nous n'étions pas stressés car nous faisions pendant quarante ans le même métier. Et plus on avançait en âge, plus on était compétent, reconnu et moins on risquait d'être surpris par des changements.* » Aujourd'hui, c'est tout l'inverse. Ce sont les jeunes qui savent s'adapter en permanence à tous ces changements, et les plus âgés qui en ont peur. Ils craignent de se voir bousculés par l'impertinence de ces jeunes, de perdre leur confort chèrement acquis et ont surtout peur de ne plus être à la hauteur : « *Quand vous avez un savoir-faire, une compétence pointue ou une expertise, c'est un handicap pour évoluer de nos jours dans les entreprises. Ce qui est plus valorisé c'est l'enthousiasme, la mobilité, la capacité à surfer et à se faire voir.* »

Alors que se passe-t-il ? À trente ans vous pouvez facilement changer, à cinquante c'est plus difficile. D'autant que les changements sont souvent nombreux, subis, pas anticipés, ni expliqués ni accompagnés. Sont-ils d'ailleurs toujours utiles ? Les études de faisabilité économique des changements sont souvent réalisées, mais les études de faisabilité humaine de ces changements ne le sont que rarement. Et pourtant, une grande étude de McKinsey[1] le disait déjà en 1995 et le redémontrait encore en 2006 : « *70 % des changements d'organisation n'atteignent pas leur objectif pour des raisons de facteur humain.* »

La peur du changement

Le facteur humain est-il un frein aux changements ?

On entend beaucoup dire dans les entreprises que les salariés sont un frein au changement. Il faut avouer que depuis quelques années les

1. Mckinsey_the_inconvenient_truth_about_change_management by Scott Keller and Carolyn Aiken.

changements se succèdent souvent sans préparation, ni accompagne-
ment. Les salariés en ont peur, plus à cause des licenciements qui y sont
liés que par la crainte du changement en lui-même. En fait, c'est souvent
la peur de perdre son emploi qui domine.

Vivre un changement non désiré : contexte PSE

Après une fusion, un rachat, un plan de sauvegarde de l'emploi (PSE)
ou un plan de départ volontaire (PDV), l'incertitude est telle que, si
l'équipe dirigeante ne sait pas rassurer et conduire ses équipes, la peur
domine. Et les niveaux de stress sont au plus haut avec 62 % des salariés
en stress chronique contre 36 % dans une population de salariés n'ayant
pas subi de PSE.

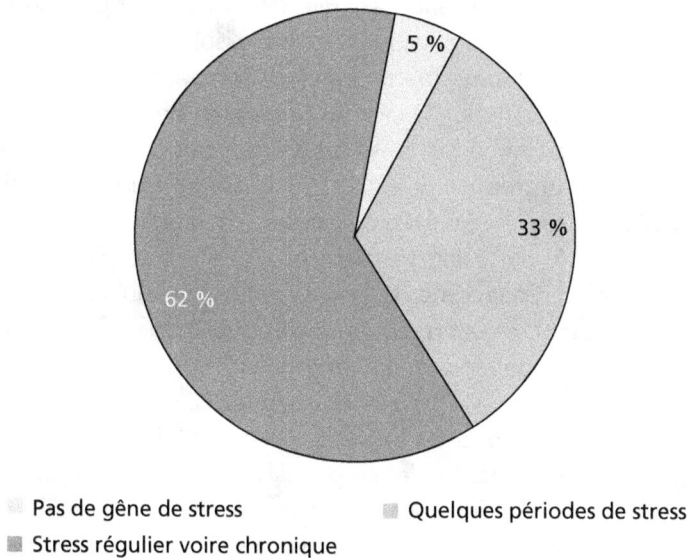

Pas de gêne de stress   Quelques périodes de stress
Stress régulier voire chronique

Fig. 15 – Lors d'un contexte social post-plan de sauvegarde de l'emploi (PSE),
le niveau de stress chronique explose à 62 % de la population des salariés en France
en 2013. Chiffres issus de la base de données Better Human Cie (n = 196).

Réduction d'effectifs et surinvestissement dans le travail

Jérôme vient d'essuyer une troisième réorganisation de son équipe. Il doit encore en faire plus avec moins de personnes. « Débrouille-toi », lui a dit son manager, tu es payé pour cela. Il passe de plus en plus de temps au bureau. Il a la sensation de ne plus pouvoir faire du bon travail, il survole les dossiers. Et pourtant, il se donne à fond, court toute la journée, au point qu'il n'a plus le temps de s'occuper de sa femme et de ses 3 enfants. Il ramène du travail le week-end à la maison, il ne sort plus, ne voit plus ses amis. Il ne dort plus bien, il est fatigué, il perd son enthousiasme, il a la tête dans le guidon. Il est irritable, aussi bien au boulot avec ses collaborateurs qu'avec ses enfants. Il ne prend plus ses jours de congé depuis six mois. Il s'est fâché avec sa femme, qui décidément ne comprend rien. Elle dit : « Cela fait plus de trois ans que cela dure, je n'en peux plus de tout assumer et je veux divorcer. » Et tout cela pour ne même pas être fier de ce qu'il fait, juste pour préserver son emploi ! Mais pour combien de temps encore ? Il approche de la cinquantaine, et à 45 ans il sait que l'on est déjà senior dans son entreprise. Il a peur, peur de perdre son job. Il ne réfléchit plus, il n'arrive plus à se concentrer. Son manager lui a dit que son équipe n'était pas assez performante sur les 3 derniers mois et que le client n'était pas content. Il perd confiance en lui mais il continue. Il est au boulot, en fait toujours plus et trouve que son équipe ne travaille pas assez. Un lundi matin, une violente douleur dans la poitrine l'empêche de se lever pour aller travailler. Le médecin, appelé à son chevet, diagnostique un infarctus et l'hospitalise d'urgence. Il n'ira pas travailler. Au boulot, les responsables disent qu'il a juste des problèmes cardiaques dus à ses problèmes personnels et qu'il va falloir répartir son travail sur les autres. En réalité, Jérôme est épuisé, son cœur a lâché : hospitalisation, récupération, rééducation. Quatre mois pour se retrouver. Il a mis sa santé en danger, a bien failli perdre sa femme. Aujourd'hui, il ne veut plus retourner dans cet enfer.

La charge de travail est perçue par tous comme excessive. Ce qui entraîne des gestions différentes de cette charge entre les hommes et les femmes. Les hommes préfèrent rapporter du travail à la maison le week-end. Les femmes quant à elles, réduisent leurs pauses-déjeuner et préfèrent déjeuner rapidement d'un sandwich. Elles rapportent aussi du travail le week-end et plus de 2 soirs/semaine à la maison.

Enfin, dans ce contexte post-PSE, environ 80 % des salariés interrogés sur leurs conditions de travail sont d'accord avec les deux affirmations suivantes : « *Je m'attends à vivre un changement non désiré dans mon travail* » et « *L'avenir de mon métier m'inquiète* ».

Le changement organisationnel[1] est toujours un facteur potentiel de stress avec les conséquences néfastes sur la santé des salariés. Les « rescapés des licenciements » doivent supporter des niveaux de stress considérables car ils sont soumis à de nouvelles exigences, à de nouvelles tâches nécessitant une routine différente, et à une insécurité accrue de l'emploi.

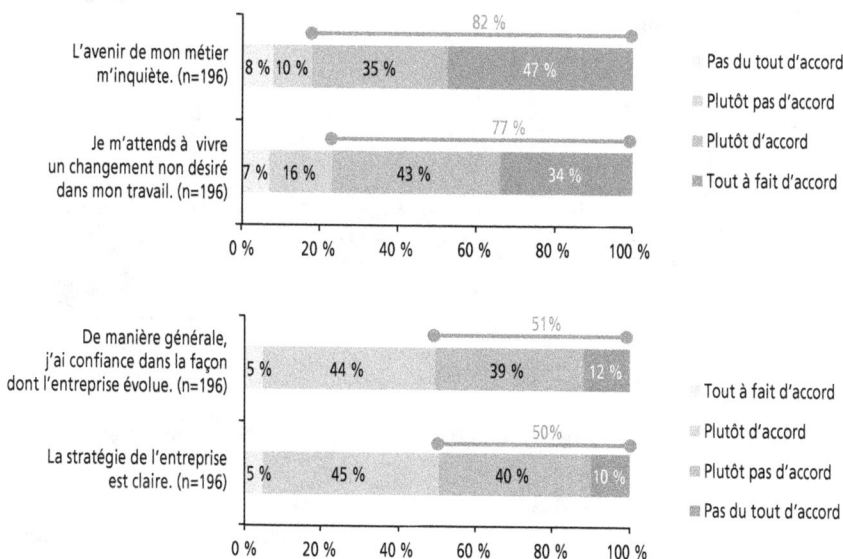

Fig. 16 – En contexte post-PSE, la peur monte et la stratégie de l'entreprise paraît globalement floue en France, en 2013. Chiffres issus de la base de données Better Human Cie (n = 196).

---

1. Le *Rapport HIRES* (Health In REStructuration) en a bien démontré les conséquences néfastes sur la santé des salariés : « La santé dans les restructurations : approches innovantes et recommandations de principe », HIRES, 2009.

Le désengagement ou la spirale
du désamour des salariés
envers leur entreprise

▪ La France, bonne dernière en termes d'engagement

Les résultats en 2011 et 2012 de l'étude européenne Gallup[1] sur l'engagement des salariés envers leur entreprise montrent que la France est bonne dernière, à égalité avec les Pays-Bas, avec 9 % seulement de salariés engagés.

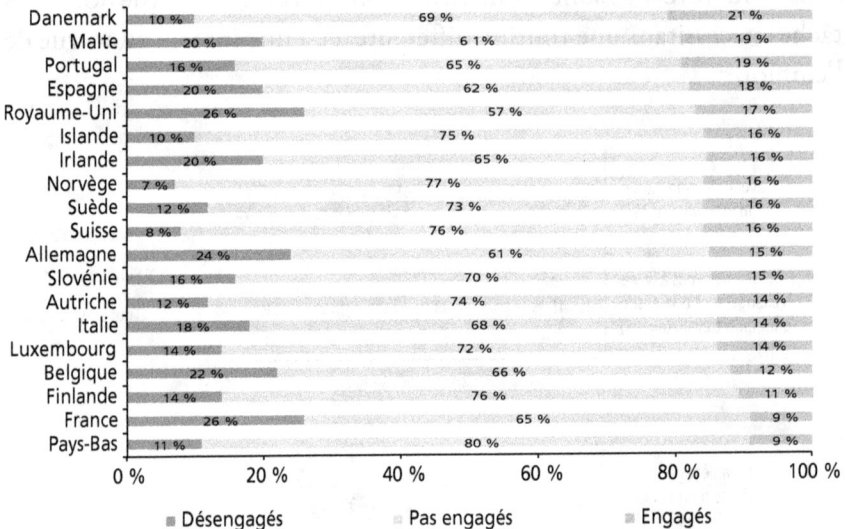

	Désengagés	Pas engagés	Engagés
Danemark	10 %	69 %	21 %
Malte	20 %	61 %	19 %
Portugal	16 %	65 %	19 %
Espagne	20 %	62 %	18 %
Royaume-Uni	26 %	57 %	17 %
Islande	10 %	75 %	16 %
Irlande	20 %	65 %	16 %
Norvège	7 %	77 %	16 %
Suède	12 %	73 %	16 %
Suisse	8 %	76 %	16 %
Allemagne	24 %	61 %	15 %
Slovénie	16 %	70 %	15 %
Autriche	12 %	74 %	14 %
Italie	18 %	68 %	14 %
Luxembourg	14 %	72 %	14 %
Belgique	22 %	66 %	12 %
Finlande	14 %	76 %	11 %
France	26 %	65 %	9 %
Pays-Bas	11 %	80 %	9 %

Fig. 17 – Étude européenne de Gallup sur l'engagement des salariés.

Nous sommes même champions avec 26 % des salariés activement désengagés ! Il y a sans aucun doute quelque chose qui ne tourne plus rond entre les salariés et leur travail. Que s'est-il passé pour que nous en

---

1. The State of the Global Workplace: Employee Engagement Insights for Business Leaders Worldwide report highlights findings from Gallup's ongoing study of workplace in more than 140 countries from 2011 through 2012.

© Groupe Eyrolles

soyons arrivés là ? Ce que nous constatons c'est que les salariés en général aiment leur travail mais ils n'aiment plus les conditions dans lesquelles ils travaillent.

◼ Un scénario du désengagement malheureusement bien rodé

D'après notre base de données, les résultats sur la satisfaction et la motivation élevées au travail sont de 16 % en moyenne, mais avec des disparités importantes selon les secteurs d'activité. Le secteur des services est
celui qui a le moins de motivation et satisfaction, et le secteur industriel
le plus de motivation et satisfaction.

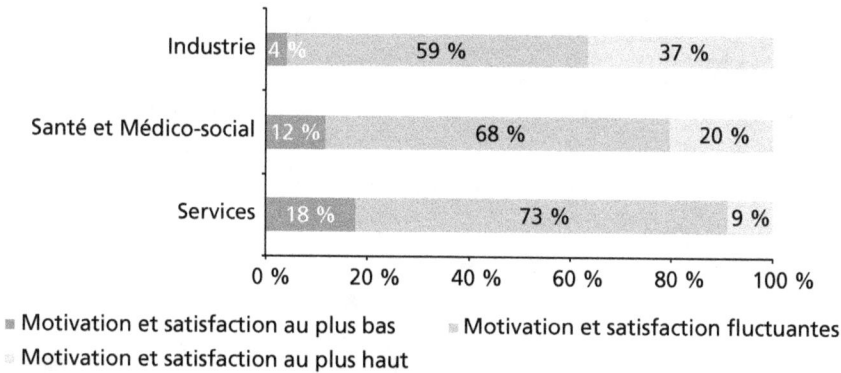

Industrie : 4 %, 59 %, 37 %
Santé et Médico-social : 12 %, 68 %, 20 %
Services : 18 %, 73 %, 9 %

◼ Motivation et satisfaction au plus bas   ◼ Motivation et satisfaction fluctuantes
◼ Motivation et satisfaction au plus haut

Fig. 18 – Disparité de la satisfaction et la motivation au travail selon les secteurs
d'activité en France, selon le questionnaire de J.-P. Brun. Chiffres issus de la base de
données Better Human Cie (n = 10 055).

L'histoire du désengagement des salariés est simple et son évolution est
toujours la même.

D'abord, le salarié investit en attendant un retour qui ne vient pas ou
pas assez vite. Alors, s'il est jeune et employable, il quitte l'entreprise
pour exercer son talent ailleurs. S'il est plus âgé, il reste dans l'entreprise
mais restitue en proportion de ce qu'il reçoit (« j'en donne pour ce que
je suis payé ») ; il fait son travail, juste son travail. Ensuite, le salarié va
progressivement dénigrer l'entreprise. Il fait savoir qu'il n'a pas été

augmenté depuis plusieurs années, et ne la recommande pas à ses amis. L'évolution de cette frustration peut aller vers la dégradation ou la destruction des outils de travail. Là encore, tous ces coûts cachés ne sont jamais évalués. Enfin, dans certains cas, le salarié finit par se payer directement sur l'entreprise en volant du matériel.

Alors, pourquoi dépenser des sommes folles en campagnes de communication pour donner une bonne image de votre marque si vos propres salariés ne sont pas des vecteurs de communication positive ?

Et si on travaillait tout simplement autrement ? C'est parce qu'aujourd'hui on comprend mieux l'ensemble de ces phénomènes que l'on doit trouver comment mieux travailler ensemble.

PARTIE 2

LA HAUTE QUALITÉ HUMAINE (HQH®)

Chapitre 5

Haute Qualité Humaine : un concept de plus ou une opportunité de mieux travailler ensemble ?

HQH® est née d'une conviction

La conviction que la différence se fait par l'humain et sur le fait qu'être bien au travail est un atout pour la performance des entreprises. Si l'on accepte cela, alors la qualité de vie au travail (QVT) devient un véritable avantage concurrentiel.

HQH® est un combat

Un combat contre certaines méthodes de travail, que nous avons évoquées dans la première partie.

Un combat pour développer la sécurité et la santé au travail.

Un combat pour favoriser la confiance plutôt que le contrôle.

Un combat pour créer les conditions du plaisir et de l'épanouissement qu'apporte un travail bien fait, plutôt que de se lamenter sur la souffrance au travail.

Face à une mutation de la société, et à une mutation du monde du travail, les hommes et les entreprises sous pression, doivent s'adapter. Nous souhaitons par ce concept de Haute Qualité Humaine aux déclinaisons très concrètes proposer de nouvelles façons de travailler.

La qualité humaine, de quoi parle-t-on ?

■ La haute qualité humaine, n'est-ce pas un peu prétentieux ?

Nous pourrions répondre « oui » car le terme « qualité humaine » devrait amplement suffire – elle ne devrait pas avoir besoin de cet ajout du mot « haute » –, mais nous pourrions répondre aussi « non » car nous avons besoin de revaloriser la place de l'homme dans l'entreprise. C'est un peu comme pour la haute couture, il devrait se profiler derrière ce terme l'idée de création et d'innovation propre à l'homme. Tout ce qui est fait par l'homme devrait être de qualité. C'était le sens même de l'expression « fait à la main ».

■ La haute qualité humaine serait-elle devenue une valeur d'exception ?

Au temps de l'artisanat, la qualité du travail de l'homme était reconnue. Ce qu'il fabriquait de ses mains prenait du temps, mais était objet de fierté et de respect. Tel le charpentier avec le bois, l'homme fabriquait de beaux objets qui duraient souvent toute une vie. Il voyait son travail final. Cette immense fierté, on la retrouve dans les réalisations collectives comme celle des ingénieurs et des ouvriers qui ont construit le viaduc de Millau ou dans les grandes aventures exploratoires avec ceux qui ont marché sur la Lune, ou plus récemment avec les hommes et les femmes qui ont participé au lancement de Curiosity sur Mars.

La qualité humaine, dans les entreprises industrielles, suppose que les hommes fabriquent des produits de qualité (sans défaut) et fassent mieux que les machines. Or les usines quasi sans travailleurs et où tout est automatisé, ne sont plus un rêve, elles existent déjà. On constate que la force des machines est de reproduire vite, en grande quantité, à faible coût et sans les aléas du facteur humain. C'est le modèle utilisé pour tous les produits qui sont distribués sur un marché mondial et où les prix doivent être hypercompétitifs.

Dans la troisième révolution (informatique et Internet) que nous vivons dans le secteur des services, on constate une re-taylorisation à outrance des tâches. Ce découpage des tâches empêche la vision globale de ce à quoi l'on participe. Et ce sentiment de ne pas savoir à quoi l'on contribue, ou de façon trop lointaine, ne favorise pas la satisfaction des salariés.

Dans les deux tiers des cas, les employés qui travaillent dans le secteur des services ont un travail morcelé qui n'a pas toujours de sens, si on ne lui en donne pas un. Or les managers ont-ils encore le temps de redonner du sens au travail découpé ?

Les dérives du système financier et organisationnel, de la gouvernance et des conditions de travail ont fait que l'on a demandé à l'homme de produire toujours plus et plus vite, en rognant sans cesse sur la qualité.

L'ouvrier avait une véritable connaissance de ses produits et de ses machines : il savait, à l'œil, si la pièce était bien usinée, il savait, à l'odeur, si ses gâteaux étaient de bonne qualité, il savait, au toucher, détecter la moindre imperfection, il savait... il était reconnu pour son savoir et pour son expertise. Aujourd'hui, on fabrique sans conviction, des objets sans âme, à durée de vie courte. Bien souvent l'ouvrier ne voit même plus ce qu'il fabrique. Des ingénieurs sont venus prendre les mesures et mettre en équation son savoir-faire afin d'accélérer toujours plus les cadences et de limiter les coûts salariaux. Il n'est donc pas rare que, sur une chaîne, l'ouvrier soit seul pendant près de 8 heures par jour face à des écrans d'ordinateur qui mesurent les quantités et la vitesse de production. Où sont passés le plaisir de bien travailler et le sens du collectif, lorsque l'on est seul face à sa machine ? Que reste-t-il à l'homme de son savoir-faire ou de ses tours de main ? Quelle fierté peut-il retirer de son travail lorsqu'il consiste à regarder des machines toute la journée, à appuyer sur un bouton pour arrêter la chaîne lorsqu'elle déraille et appeler le service de maintenance ?

Les médias nous inondent d'articles sur la faible compétitivité de nos entreprises. Or, pour l'améliorer, nous avons besoin d'innovation, de création, d'invention, de progrès. Seul l'homme peut raisonner, créer, inventer et innover. Nous avons donc besoin d'hommes et de femmes en capacité de créer. Mais les mettons-nous réellement dans les conditions qui leur permettent de le faire ?

HQH® : la naissance du référentiel

Depuis longtemps déjà, j'ai constaté que les entreprises dépensaient beaucoup d'énergie et d'argent dans la maintenance de leur service informatique et si peu dans la gestion de leur capital humain. Elles sont fières aujourd'hui d'investir dans des bâtiments Haute Qualité Environnementale (HQE). En revanche, elles mettent une pression toujours plus grande sur leurs salariés, enfin sur ceux qui restent après les différents plans de sauvegarde de l'emploi (PSE) et de départ volontaire (PDV), ceux que l'on appelle les « rescapés ». C'est en les observant, à la manière un peu clinique, et en écoutant des milliers de salariés que m'est venue cette idée, cette utopie diront certains, de vouloir créer un référentiel HQH®, pour révéler et développer la Haute Qualité Humaine. Celle qui sommeille en chacun de nous et en chacune de nos entreprises.

Au siècle dernier, à l'époque où le travail était plus physique, les médecins du travail ont mis plus de cinquante ans à inventer les outils de la prévention de la santé. Ils ont caréné les machines puis caréné les hommes avec les équipements de protection individuels (gants, bouchons dans les oreilles, lunettes et chaussures de sécurité, etc.). Cela a réduit les accidents du travail. Aujourd'hui, dans le monde de la mobilité mondiale, et de l'isolement, dans ce XXIᵉ siècle où la pression est plus psychologique que physique, il nous faut inventer les outils de la prévention de la santé mentale. HQH® en est un.

« Encore un référentiel de plus ! » diront certains. Il y en a déjà de nombreux : les ISO 9001 sur la qualité, la norme 26 000 sur la responsabilité sociale et environnementale (RSE), le référentiel diversité, le Top employeurs, la HQE. Comment se différencier face à tout ce qui existe déjà ?[1]

D'autres diront que cela soulève un problème éthique : peut-on déterminer la haute qualité de l'homme ? Peut-on mettre l'homme ainsi

1. *Cf.* par exemple le classement de Great Place to Work. Le questionnaire de GPTW est international, le biais majeur de cet institut est que c'est un classement. Donc les salariés ne répondent pas toujours de façon neutre et subjective, mais ils répondent pour que leur entreprise soit bien classée, selon les demandes de leurs managers.

dans un cadre ? Ce « label » ne va-t-il pas être instrumentalisé par des entreprises peu scrupuleuses qui verront dans ce référentiel une opportunité marketing et d'image pour cacher des comportements peu humains ? Et, au pire, cela pourrait être un fatras de bonnes intentions. Et puis comment va-t-on la mesurer cette Haute Qualité Humaine ?

Enfin, j'ai même entendu dire que dès que l'on parle et que l'on partage des valeurs humaines dans une entreprise, cela est synonyme de non-performance. Cela sous-entend-il qu'il faut avoir l'air stressé, non respectueux, et de mauvaise humeur pour être une entreprise performante ? Dans son principe, Dilbert avait montré que les personnes en entreprise qui étaient peu compétentes, râleuses et avaient de mauvais comportements accédaient plus rapidement à des postes de responsabilité et de management[1].

Il est vrai que, souvent, l'homme préfère son confort à la remise en question que nécessitent les changements permanents que nous vivons. Ne tombons pas dans l'angélisme, il existe des managers qui n'apparaissent « pas particulièrement humains » mais qui sont capables d'emporter l'adhésion à des projets fous pour lesquels des équipes entières vont se surpasser dans l'effort et le plaisir de participer à la réalisation d'un projet innovant dont elles sont fières. Le Concorde, le TGV et la conquête de l'espace, tous ces grands projets ne se sont pas réalisés sans efforts, sans investissements humains et sans un peu de souffrance. Les équipes qui y ont participé en sont encore les vivants témoins, mais elles disent que les chefs étaient devant et donnaient l'exemple.

Le monde sportif nous a appris que l'on peut souffrir en équipe pour accéder à la victoire. Au rugby, les éducateurs apprennent aux enfants que l'on a besoin de chacun sur le terrain. Les grands et forts pour pousser et résister, les petits et légers pour courir vite. Ce sport valorise les différences, apprend à utiliser les qualités individuelles au profit de tous pour vaincre, grâce à la force de l'équipe. N'y a-t-il pas plus grande joie que de gagner ensemble ?

---

1. *Le Principe de Dilbert*, Scott Adams, First Editions, 1997.

© Groupe Eyrolles

HQH®, ce qu'elle n'est pas

Commençons ainsi par énoncer ce que n'est pas la Haute Qualité Humaine pour nous. Cela ne doit pas être un concept d'intellectuels du management loin des préoccupations concrètes, ni simplement une bonne intention, certes louable, comme on en trouve dans les chartes existantes.

En avril 2009 déjà, et suite aux effets néfastes du stress et de la pression imposée, une initiative de 3 bénévoles de la société civile a été à l'origine d'une « charte des bonnes relations humaines au travail[1] ». Cette charte était rédigée autour des comportements que chaque personne, chaque manager, chaque dirigeant devrait avoir et sur les grandes règles de leur mise en application. Ce fut une belle initiative, mais elle n'était centrée que sur les relations humaines et faisait peu de cas de l'organisation du travail.

D'autres chartes existent comme celle d'Entrepreneurs d'avenir, les pionniers d'une économie plus humaine, qui déclarent qu'« *entreprendre est un acte fort, pluriel, profondément humain et devant contribuer à l'épanouissement de tous ceux qui le portent, et que le futur est plus que jamais porteur d'innovations positives pour la société.* »

Ces chartes, auxquelles nous souscrivons sans réserve, sont de belles déclarations d'intention mais se limitent malheureusement souvent à cela.

La Haute Qualité Humaine n'est pas non plus une volonté de formater les individus, ni de leur imposer des comportements, mais au contraire de proposer un cadre dans lequel ils puissent s'épanouir. Ce n'est pas une utopie, mais une belle réalité qui peut faire avancer toutes les parties prenantes de l'entreprise vers une meilleure qualité de vie et une performance globale à la fois économique, environnementale et

---

1. Elle a reçu l'aval du ministère du Travail et a été signée par des associations telles le Centre des jeunes dirigeants (CJD), Entreprise et Progrès, Croissance Plus, les associations d'anciens élèves de 23 grandes écoles et les anciens de la Harvard Business School. http://www.travailler-mieux.gouv.fr/risques_ps/docs/Charte%20des%20bonnes%20relations%20humaines%20au%20travail%2020090109.pdf

humaine, et donc plus durable. Cela ne doit pas être seulement une contrainte de plus, mais une opportunité de nous montrer sous un jour meilleur. L'un des objectifs est de nous libérer des non-dits, très présents dans nos organisations, et de permettre enfin une assertivité juste.

Le but n'est donc pas de formater les hommes mais d'organiser dans chaque entreprise la façon dont ils sont traités sachant que, là encore, la liberté des uns s'arrête là où celle des autres commence.

Je suis attachée à certaines valeurs dont la principale est la liberté, celle de dire « oui » mais aussi celle de pouvoir dire « non » à ce qui paraît inacceptable. Ce principe éthique de refus au cas par cas ne formule pas de loi universelle. Il ne s'agit donc pas de mettre l'homme dans des normes mais de mettre des limites pour protéger l'homme des excès qu'il subit ou qu'il s'impose parfois.

HQH®, ce qu'elle est

La Haute Qualité Humaine est une démarche volontaire, un apprentissage, un chemin, un engagement, une règle de conduite, une sorte de code du mieux vivre ensemble qui pourrait être reconnu par les salariés en interne et donner envie de venir rejoindre ces entreprises. En fait, la démarche forme juste un cadre assez strict qui donne les grandes étapes à accomplir pour devenir une entreprise « HQH® en progrès », et assez souple pour que chacun puisse la faire évoluer dans son contexte. C'est un référentiel « Haute Qualité Humaine » que nous avons validé de façon scientifique, qui permet à l'entreprise d'afficher un certain nombre d'engagements et aux salariés de dire si ce qui est affiché est réellement mis en pratique. Il existe donc un double niveau de lecture : la parole de la direction et les actes validés sur le terrain.

La démarche HQH® doit contribuer en même temps à une mobilisation du potentiel de chaque individu et à une amélioration du bien-être de l'ensemble des salariés. Ce n'est pas uniquement ce que l'on appelle la politique sociale ou la qualité des rapports sociaux, il s'agit plus globalement de la qualité de vie au quotidien. Et cela n'est pas du ressort uniquement de la DRH mais de toutes les directions et de chacun des salariés à tous les niveaux : managers dans le comportement quotidien qu'ils adoptent à l'égard de leurs collaborateurs, mais aussi les collaborateurs entre eux ou vis-à-vis de leur hiérarchie.

Nous avons mis longtemps avant d'arriver à définir cette démarche. Nous avons d'abord travaillé sur les règles fondamentales de respect, de confiance et de responsabilité à remettre en vigueur dans les entreprises qui en manquent.

Nous pensons que développer la HQH® et promouvoir la qualité de vie au travail, traduit un engagement collectif qui implique les dirigeants, les salariés et les partenaires sociaux. C'est aussi considérer le bien-être (physique, mental et social) au travail comme un des facteurs déterminants de la qualité durable dans l'organisation, et donc un élément essentiel de la performance globale.

Le droit à la santé, le socle de la démarche HQH®

La démarche HQH® est fondée sur un des droits fondamentaux, le droit à la santé, qui est la base du Code du travail.

La première Conférence internationale pour la promotion de la santé, réunie à Ottawa, a adopté, le 21 novembre 1986, une charte[1] en vue de contribuer à la réalisation de l'objectif de la santé pour tous d'ici à l'an 2000 et au-delà. Dans cette charte on trouve cette définition de la promotion pour la santé : « *Elle a pour but de donner aux individus davantage de maîtrise de leur propre santé et davantage de moyens de l'améliorer. Pour parvenir à un état de complet bien-être physique, mental et social, l'individu, ou le groupe, doit pouvoir identifier et réaliser ses ambitions, satisfaire ses besoins et évoluer avec son milieu ou s'y adapter. La santé est donc perçue comme une ressource de la vie quotidienne, et non comme le but de la vie ; c'est un concept positif mettant l'accent sur les*

---

1. Charte d'Ottawa. http://www.sante.gouv.fr/cdrom_lpsp/pdf/Charte_d_Ottawa.pdf

ressources sociales et personnelles, et sur les capacités physiques. La promotion de la santé ne relève donc pas seulement du secteur de la santé : elle ne se borne pas seulement à préconiser l'adoption de modes de vie qui favorisent la bonne santé ; son ambition est le bien-être complet de l'individu. »

La santé des salariés est un indicateur de la santé de l'entreprise. Se préoccuper du bien-être des salariés et manifester ainsi l'importance accordée par l'entreprise à la dimension humaine de son activité, c'est ce qui fera durablement la différence et la performance des organisations. À quand la valorisation en Bourse de ce label HQH® qui garantit une performance durable ?

Des règles pour cadre de la démarche HQH®

■ Respect, confiance et responsabilité vont de pair

Ce qui nous réunit au travail c'est avant tout l'activité de travail. Alors comment mettre des règles de vie en commun, et au-delà, des règles de vie au travail qui permettent le respect des individus et des métiers ?

Indépendamment de l'entreprise ou de l'organisation, on constate par exemple une difficulté relationnelle forte entre les générations. De façon un peu caricaturale, d'un côté, les témoignages des aînés font état d'une ignorance des règles élémentaires de la vie au travail par les jeunes, voire même de brutalité par absence des règles de civilité et de manque de respect du métier et de la hiérarchie ; l'entreprise doit alors faire face aux carences du système familial et éducatif en la matière. Et de l'autre côté, les jeunes ne comprennent pas le formalisme, le manque de transparence, la non-polyvalence et la passivité de leurs aînés. La forme est pour eux moins importante que le fond.

La coopération, indispensable dans notre monde complexe, ne pousse bien que sur le terreau qui allie respect, confiance et responsabilité.

Le respect fonde l'estime de soi et des autres

Dans la vie de tous les jours, le respect relève souvent de gestes simples : regarder votre interlocuteur, dire bonjour, répondre à une salutation, tenir la porte à la personne qui vous suit, avoir un regard bienveillant... Nos amis suisses ont même lancé un site internet www.lerespect.org pour en diffuser les bonnes pratiques dont la signature est « le respect cela change la vie ». En fait, il y a une multitude de respects : le respect mutuel, le respect de la différence, le respect du travail des autres, le respect du mobilier urbain, le respect sur la route. On décrit aussi le respect en famille, à l'école, sur les terrains de sport, le respect d'un contrat écrit ou moral, le respect des règles d'un jeu, etc. Se respecter soi-même d'abord, respecter les autres et respecter l'environnement est une démarche qui procure un bien-être infini, pour le mental et le physique. Il me paraît évident que l'on respecte toujours une personne que l'on estime. Or, trop souvent, les incivilités et le manque de respect vont de pair avec une perte de l'estime de soi et de celle des autres.

La confiance ou un ensemble de confiances ?

La confiance est l'élément essentiel de la coopération

Au sens strict du terme, la confiance renvoie à l'idée que l'on peut se fier à quelqu'un ou à quelque chose. Le verbe « confier » (du latin *confidere* : *cum*, « avec » et *fidere* « fier ») signifie, en effet, que l'on remet quelque chose de précieux à quelqu'un, en se fiant à lui et en s'abandonnant ainsi à sa bienveillance et à sa bonne foi. Sans confiance en soi, rien n'est possible. Ce n'est qu'ensuite que l'on peut aussi s'ouvrir aux autres, construire un espace de partage, bâtir avec autrui un projet commun. Pourtant, la confiance en soi relève aussi de la capacité à créer des liens. Pour cela, il faut pouvoir aussi croire aux autres, leur faire confiance et accepter le risque de l'interdépendance.

La confiance est un élément essentiel pour travailler ensemble. La confiance en soi, celle envers les autres puis celle envers l'entreprise elle-même, ses dirigeants et sa stratégie. C'est cet ensemble de confiances qui permet de prendre des risques, d'emprunter les chemins de traverse, d'innover et au final d'apporter un véritable progrès. Les politiques font des incantations perpétuelles à la compétitivité et à l'innovation, alors que leur principal rôle devrait être de créer les conditions de la confiance par la mise en place de règles claires et d'instruments de contrôle la favorisant.

De l'importance du contrat

Tout ce qui concourt à créer et développer la confiance devrait être prioritaire dans une entreprise, à commencer par le contrat, l'acte qui régit les relations entre l'employeur et le salarié.

En réalité il existe 2 contrats :

- Le contrat réel explicite et écrit qui est signé entre les 2 parties.
- Le contrat moral, psychologique, c'est-à-dire tout ce qui n'est pas écrit mais qui est attendu de façon implicite par l'un et l'autre. L'employeur attend de la loyauté, de l'implication et de l'efficacité ; le salarié attend du respect, de la reconnaissance et des perspectives d'évolution.

Le contrat explicite est écrit et définit clairement la durée du contrat, la période d'essai, l'engagement dans un poste, les missions ou attributions, et les conditions pratiques de l'exercice du métier (horaires, lieu de travail, rémunération, congés payés, absences, avantages sociaux et portabilité, couverture sociale et organismes de Sécurité sociale, obligations de secret et de discrétion, frais, clauses de restitution de matériel). Il fait le plus souvent état aussi de la convention collective de la branche dont dépend l'entreprise.

Le contrat implicite est le contrat moral, non écrit et parfois même non dit. C'est celui qui fait qu'un salarié va s'investir de façon insensée dans son travail (tandis que les employeurs affirment qu'ils « ne lui ont jamais demandé cela, ni promis quoi que ce soit ») ou, à l'inverse, que des employeurs attendent un engagement total de leurs salariés alors que ceux-ci sont sous-payés et pas reconnus à leur juste valeur.

En France, nous avons un souci avec le contrat qui souvent n'est pas suffisamment explicite, ni discuté. Le travail chez nous répond à une logique d'honneur ; chez les Anglo-Saxons, il est clairement défini dans un contrat et répond donc à une logique contractuelle.

La responsabilité s'endosse à son juste niveau

La responsabilité est le devoir de répondre de ses actes, en toutes circonstances et d'en assumer l'ensemble des conséquences. C'est aussi une valeur qui renvoie à l'éthique. Quand puis-je prendre mes responsabilités ?

Pour que je puisse prendre ma responsabilité, il faut que je sois libre. Libre de penser et libre d'agir selon ma pensée. Dans l'entreprise, les responsabilités et les limites de responsabilités doivent être définies dans un cadre clair et strict.

Parfois des salariés, ayant des missions trop floues, endossent des responsabilités qui ne sont pas les leurs : soit le manager, pour faire avancer les choses, prend les responsabilités de son collaborateur déficient, soit les salariés font à la place de leur manager et prennent des risques car ils n'ont pas forcément les compétences de celui-ci. Dans le premier cas, cela entraîne une surcharge de travail ; dans le second cas, cela induit un stress de sur-responsabilité. D'où l'importance de bien poser le cadre de la mission et de la définition précise des responsabilités et des délégations de responsabilités.

Être responsable permet aussi d'être reconnu dans ses actes. Mais pour être responsable il faut avoir une délégation de la confiance.

■ Chacun peut être acteur de la règle

HQH® doit donner une direction avec des indicateurs mesurables mais c'est aussi un fulcrum : un point d'équilibre éminemment adaptable. Ce point d'équilibre vit et c'est aussi la réalité du moment qui dicte l'équilibre ; on pourrait parler de la vie des règles. Tout comme la règle en matière de sécurité et de prévention, HQH® n'est jamais figée, elle évolue. Mais surtout, c'est l'acteur de la règle qui doit rester au centre de la règle, c'est son intelligence qui doit primer. C'est lui qui doit gérer la règle avec intelligence, il doit en rester l'acteur.

Définition de la HQH®

Cette définition a été débattue et rédigée par un ensemble de praticiens de l'entreprise[1]. HQH® est un sujet transversal dans l'entreprise qui doit aller bien au-delà de la direction des ressources humaines.

> « La Haute Qualité Humaine d'une organisation/entreprise est sa capacité à valoriser les femmes et les hommes pour faire de ce capital humain un avantage concurrentiel et créer des bénéfices (bene facere). »

Devenir une organisation HQH® nécessite alors :

- Une vision : l'humain seul fait la différence. Cette vision se décline ainsi en plusieurs points :
  - aujourd'hui, la façon de faire les choses compte souvent plus que ce que l'on fait ;
  - être bien au travail est la condition majeure de la performance des organisations ;
  - et, selon Aristote, « le désir est l'unique force motrice » ; c'est pourquoi, pour animer l'homme au travail, il faut que les managers connaissent bien la nature humaine et permettent à chacun de combler un désir profond.

- Une mission : améliorer la performance individuelle et collective, et développer la sécurité, la santé, la confiance et le plaisir au travail.

Trois valeurs guident la HQH® :

- la proximité relationnelle ;
- l'innovation sociale et sociétale ;
- la performance durable.

---

1. Cet ensemble de praticiens de l'entreprise rassemblait des présidents, directeurs généraux, DRH, directeurs juridiques, le directeur de l'immobilier et des services généraux, des responsables RSE, mais aussi des médecins, sémiologues et sociologues. La première réunion du club HQH' a eu lieu le 25 septembre 2012 à Paris.

Cinq axes de progrès structurent la démarche :

• Cinq axes pragmatiques pour être facilement communicables et capables de s'adapter à tous les types d'organisations dans leur diversité.

• Cinq axes complets avec un référentiel scientifique pour balayer les grandes thématiques de santé et qualité de vie au travail, dans l'objectif de créer dans chaque entreprise une organisation :

  – Plus SÛRE : sécurité physique et économique.
  – Plus SAINE : santé physique et mentale.
  – Plus SIMPLE : simplifier l'organisation et le travail.
  – Plus SEREINE : ambiance de travail, équilibre de vies.
  – Plus de SENS : vision partagée.

Nous détaillerons ces « 5S » dans les chapitres suivants.

Pourquoi se lancer dans une telle démarche ?

Très pragmatiquement, je dirais que les principales raisons pour se lancer dans une telle démarche sont au nombre de 10. À vous de choisir celle que vous déciderez de prioriser :

1. Attirer les talents, c'est un enjeu majeur de la performance.

2. Retenir les meilleurs, c'est l'enjeu même de la compétitivité.

3. Valoriser tout ce que vous avez déjà mis en place dans votre entreprise au service des bonnes conditions de travail.

4. Innover dans les pratiques managériales, c'est l'avantage concurrentiel ultime.

5. Faire confiance, cela libère la créativité et l'intrapreneuriat (être entrepreneur à l'intérieur de son entreprise).

6. Favoriser l'esprit d'équipe avec la mise en place d'indicateurs collectifs plutôt qu'individuels.

7. Améliorer la santé de vos équipes par la mise en œuvre d'une prévention efficace des risques.

8. Développer la performance durable.

9. Développer le dialogue avec vos salariés.

10. Améliorer l'image et la réputation de votre entreprise.

Se lancer dans une démarche HQH® doit permettre d'évaluer la dimension humaine de son entreprise pour en faire l'avantage concurrentiel ultime. De très nombreux indicateurs existent pour évaluer la dimension matérielle et économique de l'entreprise. Beaucoup plus difficile est l'évaluation de tout l'immatériel constitué des marques, de la réputation et des hommes.

Sur les hommes, une étude du cabinet Oddo Securities[1] vient de montrer que la qualité du management a un impact déterminant et positif sur la performance financière. Ainsi, les entreprises qui se distinguent par la qualité de leur management présentent une performance financière très significativement supérieure aux autres.

Au final, se lancer dans une démarche HQH®, permet de ne pas laisser la place qu'aux indicateurs de performance financière et d'avoir des indicateurs de performance humaine. D'ailleurs une bande dessinée d'anticipation économique intitulée *HSE – Human Stock Exchange*[2] vient d'imaginer que la Bourse dépitée par les valeurs financières n'investirait plus que dans les hommes et les femmes de valeur, seuls capables de créer de la richesse. Ne le voit-on pas déjà avec les grands sportifs ou artistes qui ont une valeur intrinsèque ?

Les bénéfices d'une telle démarche sont très concrets et peuvent être assez immédiats :

*   amélioration de la qualité des produits ou services et de la qualité de vie au travail ;

*   amélioration de la productivité ;

*   optimisation du service client ;

---

1. Jean-Philippe Desmartin, Nicolas Jacob, Asma Ben Salah, Asma Ferjani, « La qualité du management, gage pour l'investisseur de la bonne exécution de la stratégie annoncée », *Rapport Oddo Securities*, 27 mars 2014.
2. *HSE – Human Stock Exchange*, Xavier Dorison, Thomas Allart, Dargaud, 2012.

- amélioration du climat social ;
- baisse du turnover (rotation du personnel) ;
- baisse des accidents du travail ;
- baisse des maladies professionnelles ;
- réduction de l'absentéisme ;
- regain d'initiatives de progrès ;
- dialogue social contractuel plutôt que règlement devant les tribunaux ;
- …

Mais surtout parce que si l'on veut que les humains puissent créer de la richesse, il leur faut d'un côté la confiance en eux et en l'avenir, celle qui permet de prendre des risques et d'avoir envie d'innover ; ou, au contraire, de l'autre côté, après des années difficiles, l'envie de s'en sortir, cette résilience qui donne envie de se dépasser, de se surpasser.

Doit-on en faire un label avec un référentiel strict, ce qui implique des indicateurs mesurés régulièrement par des audits externalisés ? Comment stimuler une démarche volontaire qui engage l'entreprise sur une cohérence entre le discours et la réalité, et une équité envers ses salariés ? HQH® va-t-il enfermer l'humain dans un carcan ? HQH® peut-il évoluer comme les hommes évoluent ? Quelle différence avec la RSE ? Comment intégrer dans ce label HQH® tout ce que l'entreprise a déjà réalisé ? Comment valoriser les entreprises qui s'engagent dans cette voie ? Ces questions doivent être posées, et nous allons tenter d'y répondre dans les chapitres suivants.

La première interrogation à laquelle il faut apporter une réponse est : par où commencer ?

Je dirais par un bon état des lieux et en ouvrant les yeux sur la réalité des forces et faiblesses de votre organisation. Réaliser un bon diagnostic pour identifier les points forts dans les « 5S », et les points à améliorer à court terme ou à moyen terme. Ces « 5S » sont un bon outil de pilotage de la qualité de vie au travail.

Chapitre 6

La Haute Qualité Humaine : pour quoi ?

Face à la peur de l'avenir pour les petits, la peur de ne pas délivrer les résultats pour les grands, la peur du risque dans une société hypersécuritaire qui a érigé le principe de précaution en dogme, la peur de la mondialisation, nous aurons bientôt la peur de vivre. Nous perdons la tête. La peur de perdre son emploi est telle qu'elle masque tout le reste et finit par ériger la peur de tout.

Le premier risque, le vrai risque, c'est de vivre. Tout comme un enfant qui doit tomber pour apprendre à marcher, nous devons prendre des risques pour avancer, et être heureux.

Mais on ne peut prendre des risques que si l'on se trouve dans un climat de confiance : confiance en soi et confiance dans celui qui nous conduit. Il faut aussi avoir en « vie » : envie d'avancer, de découvrir le monde, de progresser, de se surpasser.

Dans les entreprises, la Haute Qualité Humaine pourrait simplement permettre de « vivre mieux » et de « mieux travailler ensemble ».

Du côté de l'entreprise et du manager

▦ Pour recréer les conditions de la confiance

Le premier enjeu est donc de recréer les conditions de la confiance. La confiance en soi d'abord, puis la confiance dans les autres et enfin la confiance dans la stratégie de son entreprise.

La confiance en soi, vous savez cette estime de soi que l'on a ou que l'on n'a pas. Celle-ci est forte si on a été aimé dans son enfance car cet amour vous donne une sécurité de base qui permet ensuite de rendre tout possible. Mais même si l'on n'a pas eu la chance d'avoir ce regard bienveillant et cet amour qui fait grandir, il est possible de développer cette confiance en soi. Si vous avez des enfants, c'est l'un des enjeux majeurs de leur développement. Le seul vrai grand rôle des parents ne serait-il pas de croire en leurs enfants et de leur donner cette confiance en eux ? Leur faire comprendre que tout est possible.

Et si vous souhaitez que l'on vous fasse confiance, la première chose à comprendre est que vous devez aussi faire confiance aux autres. Cela fonctionne dans les deux sens. Rien de vrai, ni de grand ne se fait sans cette confiance mutuelle. La confiance est un peu l'équivalent des fondations d'une maison ou le terreau sur lequel vont pousser les fruits du travail de l'homme.

■ Pour développer un travail de qualité

Dans de très nombreuses administrations, comment concilier les missions de services publics avec la gestion financière en flux tendu ? Cela paraît impossible pour beaucoup de salariés de ces services publics. Ils sont souvent rentrés dans ces administrations avec un certain idéal, être au service du public. Que cela soit dans ces hôpitaux, universités, organismes spécialistes de la distribution d'électricité, de gaz ou de téléphonie, ils avaient choisi un métier correspondant à leurs valeurs, avec des salaires modestes en échange d'une sécurité de l'emploi. Pour eux, les conditions de service public ne semblent plus réunies. « L'hôpital n'est pas une entreprise ! » peut-on lire sur les affiches des manifestants de la défense d'un certain service public. On leur demande une rentabilité qui ne leur permet plus de faire le travail de qualité comme ils le souhaitent. Ce travail de « qualité empêchée » ou ce travail sans qualité est source de frustrations et de grande souffrance au travail. Alors il faut retrouver, ensemble, les fondamentaux qui permettent de développer un travail de qualité. Il est nécessaire de partager ce qu'est pour chacun un travail de qualité, et comment l'équipe bénéficie du savoir-faire de tous. Chaque personne peut alors être fière de son travail, cela contribue fortement à l'estime de soi.

© Groupe Eyrolles

Les groupes d'expression des salariés sur le travail et la qualité du travail sont très efficaces et font gagner beaucoup de temps par le partage des bonnes pratiques, la priorisation des objectifs et l'explicitation de la contribution de chacun aux objectifs globaux. Ces réunions régulières et courtes, animées par le manager de proximité, sont très utilisées dans la méthode Agile[1].

▪ Pour réduire la vision exclusivement financière et plutôt faire quelque chose qui a du sens

La mondialisation est une source d'opportunités de marchés avec ses aspects positifs. Ces opportunités sont des espaces à conquérir. L'homme est un citoyen du monde et donc un partenaire de tous en lien avec le reste du monde. Elle donne à une grande majorité sur la planète l'espoir de vivre mieux que ses parents.

Dans bon nombre de pays dits « émergents », le travail est vécu comme un ascenseur social. Il semble réellement en panne dans nos pays riches. La mondialisation fait aussi de l'homme un esclave soumis aux règles du marché le moins cher et le moins sécurisant. La peur du déclassement est immense et les parents voient que leurs enfants ne feront plus forcément mieux que ce qu'ils ont fait. La désindustrialisation de notre pays est aujourd'hui un fait criant. Il n'y a presque plus d'usines en France. Et le contraste est fort : lorsque j'ai pris le train pour aller à Cologne ou Düsseldorf au sud de la vallée de la Ruhr en Allemagne, à travers les fenêtres, j'ai été frappée par la vision de ces grandes cheminées d'usine qui fument par dizaines et tournent à plein régime. Cette vision industrielle, un peu du siècle dernier, est une image qui a disparu du paysage français. À une époque, on s'en réjouissait en pensant que l'asservissement des travailleurs par la production disparaîtrait avec les usines. Aujourd'hui, tous (politiques, dirigeants, syndicalistes) se plaignent de ne plus avoir d'usines en France et de voir partir les emplois dans les pays à bas coûts et bas salaires.

---

1. La méthode Agile est une méthode de gestion de projet, aujourd'hui très répandue dans les sociétés de services ou les agences Web.

Dans un premier temps, pour rester compétitifs, face aux exigences des clients en termes de qualité/prix/délai, et face à la concurrence des pays à bas coût du travail, est arrivée la course à l'innovation avec ce « toujours plus » pour maintenir les taux de croissance de nos entreprises.

C'est l'origine de la sur-segmentation des produits (par exemple, les shampoings, avant-shampoings et après-shampoings) et de la multiplication de fonctions, pas toujours utiles mais « au cas où ». L'industrie automobile est un exemple criant de ce dernier cas (multiplication des boutons de commande). Nos voitures ne sont plus seulement un moyen de se véhiculer en haute sécurité, mais un lieu de plaisir, des « voitures à vivre » comme le clamait un constructeur, avec le plus de confort possible, un lieu où l'on peut regarder des films, écouter sa musique préférée et faire que ce soit la pluie qui déclenche les essuie-glaces. Mais très vite toutes ces innovations sont copiées par les producteurs des pays émergents tels que la Corée, la Chine, l'Inde...

Le contenu des activités est donc devenu beaucoup plus complexe. Pour rester compétitives et améliorer leur rentabilité, les entreprises ont revu tous les systèmes d'organisation du travail et mis en place de nouveaux modes d'organisation comme le « Lean Management ». Ce concept, issu d'une philosophie du « travailler mieux » par Toyota pour supprimer toutes les tâches inutiles (« le gras ») et faire des économies, devait être mis en place en collaboration avec les hommes dans les équipes. Cette méthode est très efficace mais a souvent été dévoyée et mise en œuvre à la hussarde dans le seul but de réduire les effectifs, et sans aucune collaboration avec les équipes. Ce « Lean » n'apporte pas les résultats escomptés dans la durée. Il y a un nouveau « Lean » à inventer plus humain et plus durable.

Faire plus avec moins est devenu l'enjeu majeur des pays développés. Cette course incessante vers des objectifs de court terme pèse sur les épaules de chaque salarié laissé souvent seul et sans soutien de sa hiérarchie ou de ses collègues dans un contexte de compétition intense, avec des outils connectés en permanence. Tout cela épuise les hommes et les femmes que nous sommes, laissant peu de marge de manœuvre au regard de la très forte mobilisation cognitive et émotionnelle que cela requiert.

Les salariés d'aujourd'hui sont des sportifs de haut niveau, mais ils n'ont pas, comme le recommandent les coachs, un tiers de leur activité en entraînement, un tiers en compétition et un tiers en récupération. Ils sont en compétition permanente !

Les situations où les responsables prennent des décisions à l'emporte-pièce sur des choses qu'ils ne connaissent pas sont légion. Pourquoi ne pas laisser les salariés choisir eux-mêmes, par exemple, le logiciel avec lequel ils travaillent ? Souvent aussi, les top-managers qui veulent trop centraliser les choses ne décident pas assez vite et la perte de temps due à cette non-décision est bien plus coûteuse que le prix qu'il eût fallu dépenser. Le contrôle, là encore, est plus coûteux que la confiance.

■ Pour accompagner le changement

Les changements permanents d'organisation et la flexibilité obligent les salariés à des mutations géographiques et à une polyvalence des tâches et des métiers. Cette polyvalence implique des mutations techniques et intellectuelles. Le problème, c'est que ces mutations ne sont souvent ni choisies, ni préparées, ni accompagnées. Peut-on faire d'un technicien, un vrai commercial, et d'un expert, un bon manager ? Oui, sans doute, à condition qu'ils le veuillent vraiment et d'avoir un peu de temps pour les former.

A contrario, un ami chirurgien me faisait part de la routine de son métier : « *Depuis plus de trente ans, je fais la même chirurgie pointue et spécialisée, je ne suis plus surpris par grand-chose. Heureusement que les outils diagnostics et les techniques opératoires évoluent un peu pour mettre un peu de piment dans mon activité. Donc hyperspécialisé, je ne suis pas stressé, et je m'intéresse même, au-delà de leur problème chirurgical, de plus en plus à mes patients et à leur vie. C'est ce qui fait le sel de mon métier aujourd'hui.* »

Les professions intellectuelles étaient jusqu'alors moins touchées par les contraintes du stress au travail grâce à leur plus grande marge de manœuvre et à la liberté qu'elles avaient de pouvoir organiser leur travail comme elles le voulaient. Cela n'est plus vrai, car même au plus haut niveau, dans les comités de direction, je constate que les marges de manœuvre se sont considérablement réduites et que la pression ressentie à la tête se propage très vite dans toutes les strates de l'entreprise.

■ Pour casser les diktats

Martin Wehrle se nourrit aussi d'exemples bien réels pour pointer du doigt les choix absurdes et les fonctionnements kafkaïens du monde de l'entreprise. Des situations à la fois drôles et désespérantes, telles la réunionite et ses ravages ou, mieux encore, la planification budgétaire à l'extrême. Il cite l'exemple d'une secrétaire qui travaillait dans le secteur agroalimentaire.

Moins cher que gratuit !

Une entreprise florissante de l'agroalimentaire avait décidé, suite à une fusion, de réduire ses frais de fonctionnement. Début novembre, une secrétaire se rend compte que tous les services ont utilisé leur stock de papier. Elle ne peut plus envoyer un courrier, ni une facture, ni relancer un client. À sa demande, mainte fois renouvelée, il lui fut répondu : « Les budgets n'ont pas à s'adapter à vos besoins, c'est à vous d'adapter vos besoins aux budgets. Ça fonctionne ainsi partout dans le groupe. Faites donc marcher votre imagination et trouvez-nous une solution qui ne coûte rien ! ». Les salariés, pour pouvoir travailler, allèrent acheter sur leurs propres deniers des ramettes de papier. C'est ainsi qu'un industriel de l'agroalimentaire, dont les bénéfices se chiffraient en centaines de millions, put finir l'année grâce aux dons de ses salariés !

Que ceux qui croiraient encore que l'économie planifiée à la manière soviétique a disparu jettent un œil sur les grands groupes : impossible d'y bouger le petit doigt sans autorisation préalable. Le monde ne connaît rien de plus rigide que la planification budgétaire d'une grande entreprise.

▣ Pour conjuguer l'appréhension du facteur temps des acteurs en présence

Le « toujours plus vite » a atteint ses limites cognitives

Le monde semble tourner plus vite ; en réalité il ne s'arrête plus. La planète travaille 24h/24, 7j/7, et c'est un peu ce que l'on demande à chacun.

Aujourd'hui, les salariés vivent sous la dictature de l'urgence à tous les niveaux. Ils n'ont plus d'espace-temps pour réfléchir et sont dans l'obligation de réagir vite. Les nouvelles technologies poussent à cela et mettent une pression toujours plus forte. C'est l'immédiateté qui gère les relations. « *Si vous ne m'êtes pas directement utile tout de suite, je n'ai pas de temps pour vous* » me disait un dirigeant. Le management se fait lui aussi dans l'urgence, alors qu'il n'y a pas le feu, ni danger de mort. Qu'il existe des pics d'activité cela paraît normal, mais que cela s'installe dans la durée, ce n'est pas possible. Car alors notre cerveau se retrouve en surchauffe, notre corps en décrépitude, et nous finissons par ne plus avoir aucune émotion. Nous ne sommes pas des machines et ne devons pas oublier notre propre consistance humaine.

Nous avons tous besoin de temps pour nous adapter. Et le temps paraît être ce qui améliore notre savoir-faire, enrichit notre expérience, démontre la qualité de notre travail, en favorise la reconnaissance et crée la fierté du métier en retour.

Notre cerveau a besoin de temps pour mémoriser. La mémoire est nécessaire à la pensée. Et la gymnastique cérébrale protégerait des maladies neurodégénératives. La mémorisation des numéros de téléphone, des trajets en voiture, des citations ou des calculs qui étaient avant l'apanage de notre mémoire a été transférée à des supports électroniques. Les avantages en sont bien connus : la mémoire externalisée est plus

© Groupe Eyrolles

sécurisée et illimitée, fiable sans déformation, et stable dans la durée. Les nouvelles technologies soulageraient donc notre mémoire, mais laisseraient-elles plus d'espace disponible pour aller plus vite ?

A contrario, chez l'enfant, l'apprentissage par cœur des tables de multiplication ou de poésie libère, selon les neuroscientifiques, des fonctions cognitives supérieures. En automatisant la tâche, l'enfant transfère les informations dans le cerveau reptilien et libère des zones préfrontales disponibles pour passer à des tâches plus complexes. Il « musclerait » ainsi le cerveau, modifierait la morphologie des neurones, le nombre d'interactions au niveau des synapses et augmenterait la taille de la structure cérébrale, en particulier stimulerait la croissance de nouveaux neurones dans l'hippocampe[1]. Une structure cérébrale n'est donc pas une donnée immuable, elle est dynamique et se modifie de façon continue par l'expérience. En fait, à partir de notre bagage mental on pourrait donc « muscler » sa matière grise. Ce sont nos expériences de vie, nos relations avec les autres, et nos apprentissages qui construisent notre bagage mental.

Les générations n'ont pas la même approche du facteur temps

Au siècle dernier, tout le monde reconnaissait que pour faire un bon professionnel, il fallait au moins dix ans. Dans ce monde où tout s'accélère, et où nous avons tous perdu nos repères, que se passe-t-il ? Les valeurs changent. La sécurité, la stabilité, la verticalité, le collectif, le lourd sont des valeurs de la génération des baby-boomers. Les jeunes, de la fameuse génération Y, veulent plus de divertissement, de proximité, de bien-être, d'équilibre entre leur vie personnelle et professionnelle. Ils aiment le changement, les risques, le léger, les émotions, travailler moins, louer plutôt qu'acheter. Le travail est une aventure et trois mois, pour eux, c'est long. Ils ne veulent plus perdre leur vie à la gagner.

Hier l'individu était défini par son identité, sa personnalité, aujourd'hui il l'est aussi par ses relations. Pour la première fois ce ne sont plus les

---

1. Robert JAFFARD, « De l'intérêt de mémoriser », *Cerveau et psycho*, Août 2008, n° 28, p. 52-55.

anciens qui ont le savoir, mais les jeunes qui apprennent aux anciens à se servir des nouvelles technologies. Dans le monde du jetable, on ne garde rien longtemps, on change de téléphone portable tous les ans, on est amis pour quelques jours. En réalité, on sait bien que les personnes on les apprécie sur la durée, mais comme les entreprises gèrent sur le court terme… Les jeunes générations, logiquement impatientes, ont compris qu'il fallait aller vite. Elles n'hésitent plus, elles veulent réussir rapidement et gagner beaucoup d'argent, à l'image là encore du comportement des entreprises.

Des temporalités diverses au sein de la société

Les temporalités ne sont pas les mêmes pour tout le monde. Le P^r. Zimbardo de Stanford définit les 3 temps, passé, présent et futur, avec pour chacun de ces temps, une vision positive et négative.

- Les personnes dont la référence au temps est en priorité le passé, avec une vision positive, ont tendance à regarder leur vie et leurs expériences comme une succession de moments plaisants, elles se souviennent des dates d'anniversaire, conservent des photos, des vidéos, elles évacuent les « mauvais moments », à l'inverse de celles ayant une vision négative et qui, elles, ont des regrets, se souviennent surtout de leurs échecs, ratages, malheurs…

- Les personnes dont la référence au temps est en priorité le présent, avec une vision positive, sont des hédonistes. Leur vie est concentrée sur l'obtention de plaisirs, satisfactions, et l'évitement des difficultés et souffrances. Avec une vision négative, les personnes orientées sur le présent se refusent à planifier, anticiper, car elles sont fatalistes, et trouvent chaque jour des motifs de pessimisme dans les crises qui frappent le monde, dans la pauvreté, la mort, les licenciements, les « affaires »[1]…

---

1. Il est observé par ailleurs que plus on vit près de l'équateur, plus on est orienté « présent ». Il semblerait que cela tienne au fait que les saisons ne sont pas marquées, obérant ainsi la « pensée » vers le futur. Demain ressemblera à demain. Demain n'étant pas assuré, à quoi bon se projeter sur un demain hypothétique ?

• Les personnes orientées vers le futur, avec une vision positive, préfèrent « travailler » que s'amuser, elles « construisent » leur vie en faisant des efforts, en étant impliquées, en sachant éviter les sirènes de l'hédonisme et en ne cherchant pas à avoir immédiatement le bénéfice de leurs actions. Avec une vision négative, les personnes orientées vers le futur sont inquiètes par croyances, le plus souvent religieuses, et se concentrent sur leur vie après leur mort, veulent mériter le paradis ou son équivalent.

Les temporalités facteur de conflits dans les groupes

Au-delà des « jugements de valeur » des uns sur les autres, il apparaît que l'orientation par rapport au temps est un des premiers facteurs de conflits entre les individus et les groupes, car l'échelle des valeurs qui en découle est très différente. La fable de « La cigale et la fourmi » est une caricature des conflits entre ceux qui sont orientés vers le présent, et ceux qui sont orientés vers le futur.

Il devient possible de comprendre les différences entre les individus à travers cette notion ultrasimple, « la perspective temps », et d'adopter en management une approche « pédagogique » pour orienter le plus possible de collaborateurs vers le futur, avec une progressivité qui permet son intégration.

Le management, en prenant en compte l'orientation des « cibles », peut significativement augmenter l'impact de sa communication, et son efficacité, au lieu de se frustrer du manque de réactivité de certains collaborateurs qui leur apparaissent « hédonistes » ou « nostalgiques ». Le management peut ainsi réguler les rythmes, les calibrer, en prenant en compte sa propre impatience qui, pour autant qu'elle lui paraisse légitime, n'est que l'effet de son « orientation ».

J'observe que dans la plupart des entreprises, le management est « orienté futur », alors que l'activité fondamentale de l'entreprise est inscrite dans le présent, et que la masse des collaborateurs est « orientée présent ».

■ Pour apprendre à s'adapter par des espaces de dialogue et d'échange sur le travail

Certains savent mieux s'adapter que d'autres. L'adaptation est aussi plus facile lorsque l'on est jeune et inscrit dans des environnements justes, mouvants et capacitants[1]. Me mettre dans la capacité de réfléchir sur mon métier et les problématiques difficiles auxquelles je suis confronté avec des collègues et des maîtres pour progresser dans mon expérience, voilà une des clefs pour éviter la souffrance au travail et être fier de son métier.

En fait ces espaces d'échange devraient exister et être enseignés déjà au sein de nos universités et grandes écoles. Puis, dans le cadre du travail, des espaces de soutien aux équipes devraient être créés et à fréquence régulière, permettre des échanges pluridisciplinaires pour comprendre les expertises et les contraintes de chacun. Créer des « communautés de managers » ou d'équipes pour échanger sur les bonnes pratiques, voilà ce qui permet concrètement de s'adapter mieux et plus vite. Savoir juste profiter de l'expérience des autres, c'est aussi cela l'intelligence collective.

Apprendre à résoudre concrètement, et avec d'autres, les difficultés rencontrées dans le travail pour se soutenir, mais aussi s'améliorer, partager les bonnes pratiques et rester au plus haut niveau de ses savoirs (savoir, savoir-faire et savoir être). Voilà un véritable enjeu de la HQH®.

À l'hôpital, mon premier environnement capacitant

Je garde le souvenir très vivant des discussions lors des staffs pluridisciplinaires dans le centre anticancéreux où je travaillais. J'étais alors jeune interne en médecine et comme chaque semaine, je devais présenter devant un parterre de collègues et devant mes maîtres de chaque discipline, un cas de patient où la décision médicale était difficile et où le traitement n'était pas évident. Par

---

1. AMARTYA SEN, *Éthique et économie*, PUF, Paris, 2008.

exemple, fallait-il opérer d'abord la tumeur puis faire de la chimiothérapie ou, au contraire, faire d'abord de la radiothérapie puis de la chimiothérapie pour réduire la taille de la tumeur avant d'opérer ? La présentation du cas était une épreuve de synthèse puisque nous devions présenter un maximum de données en un minimum de temps et être capable de poser les bonnes questions, mais il fallait aussi connaître son dossier sur le bout des doigts pour pouvoir répondre à toute éventuelle question de l'auditoire. Quelle chance d'avoir autour de la table tous ces spécialistes réunis pour donner leur avis et bénéficier de leur expertise et des connaissances que chacun se faisait un devoir d'actualiser sur sa spécialité. J'apprenais non seulement la théorie de la décision médicale dans les livres mais j'apprenais encore plus vite en me frottant aux plus de cent cinquante ans d'expériences réunies dans la pièce. Les discussions étaient parfois vives, des conflits pouvaient même naître mais à la fin l'unanimité se faisait sur la stratégie thérapeutique qui pourrait donner le plus de chance de survie au patient, et si possible dans les meilleures conditions. C'était exigeant mais toujours stimulant et surtout, nous avions tous la satisfaction de pouvoir proposer à nos patients ce qui se faisait de mieux pour eux. Nous avions la fierté de remplir au mieux notre mission au service du public.

Ces exemples sont légion et on les retrouve dans des univers très différents.

■ Pour restituer du pouvoir d'agir

Une autre source de souffrance est la perte du pouvoir d'agir. Nous sommes dans une société où l'on nous fait croire que le développement ne consiste que dans l'accroissement de l'avoir et des revenus. Or le développement est fortement lié à notre liberté d'action, à notre pouvoir d'agir sur les choses tant dans la vie personnelle que dans la vie sociale et professionnelle. Combien de fois ai-je été interpellée dans les entreprises par des salariés qui me disaient : « On a changé mon travail sans me demander mon avis et cela marche moins bien ». Ou bien, « On ne nous écoute pas et on ne nous laisse pas faire comme il faudrait. »

Les ergonomes nous ont appris que le travail prescrit n'existait pas. Et que dès que vous demandez à quelqu'un d'effectuer une tâche, il met en œuvre en réalité tout son savoir-faire et son expérience pour la réaliser. Laissez donc un peu de pouvoir d'agir et vous verrez alors des salariés bien plus motivés.

■ Pour introduire la motivation intrinsèque

L'homme n'est pas conduit uniquement par l'argent. Des études scientifiques l'ont prouvé, l'argent est peut-être un moteur pour des enjeux classiques mais lorsqu'il s'agit réellement d'innover l'argent n'est pas un moteur. Il faudrait inventer un nouveau management qui prône la motivation intrinsèque, plutôt que la carotte et le bâton puisque les sciences sociales[1] ont aujourd'hui démontré que cette motivation intrinsèque est bien la plus efficace.

Rien ne sert de chercher à motiver les individus, il suffit de trouver ce qui les motive et cela change tout.

Et cela n'est pas en augmentant les primes que l'on motive les personnes. Les chercheurs en psychologie, ont même démontré les contre-performances de la prime dans l'entreprise. Ce qui compte c'est la motivation intrinsèque. Dans son livre *Homo Economicus*, Daniel Cohen cite la formidable expérience des donneurs de sang bénévoles[2]. « *Un directeur d'un centre de transfusion sanguine souhaitant accroître ses stocks, eut un jour l'idée d'offrir une prime aux donneurs de sang. À sa stupéfaction, le résultat fut exactement inverse : leur nombre chuta. La raison n'en est pas très mystérieuse. Les donneurs font preuve de générosité. Ils sont habités par un comportement moral,*

---

1. http://www.ted.com/talks/dan_pink_on_motivation.html
2. Daniel COHEN, *Homo Economicus*, Albin Michel, 2012, et d'après l'anecdote de Maya BEAUVALLET in *Les Stratégies absurdes*, Points, 2010.

de souci de l'autre. Le fait de les rémunérer change tout. S'il ne s'agit plus d'aider les autres, mais de gagner de l'argent, leur participation change de nature. L'homme moral quitte la salle quand l'Homo Economicus y entre. Les deux ont certainement leur rôle, mais on ne peut les asseoir à la même table. »...

À méditer pour tous ceux qui pensent qu'il suffit de multiplier les primes ou de mettre en compétition les salariés, et qui ne voient pas comment elles font à la fois disparaître la valeur travail, le souci de bien faire son travail et d'obtenir l'approbation de ses collègues.

Du côté des salariés

■ Mais que s'est-il passé du côté des individus ?

Il y a eu dans le même temps une modification des attentes des salariés. Ils veulent un travail intéressant, qui a du sens et qui leur permet de concilier leur vie professionnelle et leur vie personnelle. Ils souhaitent une reconnaissance immédiate et cherchent une valorisation rapide. Leurs comportements sont similaires à celui des actionnaires. Ils ne veulent plus vivre ce qu'ont subi leurs parents avec des horaires de travail importants, peu de reconnaissance ou une lente et tardive promotion, et souvent un licenciement pour permettre à l'entreprise d'optimiser ses bénéfices. Ils veulent être considérés comme des adultes responsables, capables de prendre des décisions pour eux-mêmes.

Pour les anciens salariés, le pessimisme ambiant et le manque de confiance en soi dominent aujourd'hui. Elle se concrétise par la peur du licenciement ou du dépôt de bilan et le fort sentiment de précarité dans un environnement que l'on ne maîtrise plus. Ce phénomène est encore amplifié par les médias qui ne diffusent que des mauvaises nouvelles et par l'attirance que nous avons pour ces dernières. C'est pourquoi lorsqu'une bonne nouvelle se présente, il faut en parler 10 fois plus pour la faire entendre par rapport à une mauvaise nouvelle qui se répand comme une traînée de poudre.

▦ Les syndicats et les négociations

Les syndicats ont le rôle de négocier les accords d'entreprise, les négociations annuelles obligatoires comme l'augmentation par exemple. La négociation annuelle obligatoire (NAO) est imposée par le Code du travail (art. L. 2242-8) et doit être à l'initiative de l'employeur. Elle concerne les entreprises de plus de 50 salariés et permet de conserver un dialogue avec leur employeur. Pendant cette négociation, des thèmes définis par la loi sont obligatoirement abordés (salaire, durée du travail, égalité hommes/femmes...), mais la NAO permet également de mettre en avant des revendications collectives comme la formation professionnelle, les congés ou la prévention de la santé.

▦ Les instances représentatives des salariés (IRP) et l'information-consultation

La procédure d'information-consultation oblige la direction à consulter les représentants du comité d'entreprise (CE) ou de la délégation unique du personnel (DUP) avant de prendre toute décision importante dans l'entreprise. Elle est mise en place pour tout changement ou projet de changement concernant notamment la gestion du travail, les techniques de production, la formation professionnelle, les changements financiers, les licenciements envisagés au sein de l'entreprise.

▦ Les salariés eux-mêmes et le droit d'expression directe : les lois Auroux de 1982

Les lois Auroux[1] sont un ensemble de quatre lois modifiant de manière importante le droit du travail en France, promulguées au cours de l'année 1982 par le gouvernement Mauroy lors du premier mandat de François Mitterrand.

---

1. Il s'agit de la loi n° 82-689 relative aux libertés des travailleurs dans l'entreprise (promulguée le 4 août 1982), de la loi n° 82-915 relative au développement des institutions représentatives du personnel (promulguée le 28 octobre 1982), de la loi n° 82-957 relative à la négociation collective et au règlement des conflits du travail (promulguée le 13 novembre 1982), et enfin de la loi n° 82-1097 relative aux Comités d'hygiène, de sécurité et des conditions de travail (CHSCT) (promulguée le 23 décembre 1982).

Elles portent le nom du ministre du Travail du gouvernement Mauroy qui a supervisé leur élaboration, Jean Auroux, par ailleurs maire socialiste de Roanne.

Ces quatre lois modifièrent le Code du travail de l'époque dans une proportion d'environ un tiers[1]. Parmi les principales innovations qu'elles introduisaient, citons entre autres :

. L'encadrement du pouvoir disciplinaire du chef d'entreprise et du règlement intérieur, au moyen notamment de l'interdiction de toute discrimination : « Aucun salarié ne peut être sanctionné ou licencié en raison de ses opinions politiques, de ses activités syndicales ou de ses convictions religieuses. » (Loi du 4 août 1982).

. La création d'un droit d'expression des salariés sur leurs conditions de travail. Cette loi du 4 août 1982 préfigure le fait que la démocratie qui existe dans la société doit aussi exister dans l'entreprise.

. L'attribution d'une dotation minimale de fonctionnement au comité d'entreprise égale à 0,2 % de la masse salariale brute (loi du 28 octobre 1982).

. L'instauration d'une obligation annuelle de négocier dans l'entreprise sur les salaires, la durée et l'organisation du travail (loi du 13 novembre 1982).

. La création du Comité d'hygiène, de sécurité et des conditions de travail (CHSCT) qui fusionne et remplace le Comité d'hygiène et de sécurité et la Commission d'amélioration des conditions de travail (loi du 23 décembre 1982).

. L'instauration d'un droit de retrait du salarié en cas de situation de danger grave et imminent (loi du 23 décembre 1982).

Préalablement à la mise en place de ces lois, deux ordonnances venaient compléter le processus : celle du 13 janvier 1982 relative à la durée du travail, qui abaisse celle-ci à 39 heures et instaure une cinquième semaine de congés payés, et celle du 25 mars 1982, abaissant l'âge de la retraite à soixante ans.

---

1. Source : Wikipédia.

Je souhaiterais détailler un peu les informations sur le CHSCT[1] car je me suis rendu compte à quel point les salariés sont peu au fait des instances de dialogue existantes, qui les représentent.

Tout d'abord, la constitution d'un Comité d'hygiène, de sécurité et des conditions de travail est obligatoire dans tous les établissements d'au moins 50 salariés. Dans les entreprises comportant des établissements distincts, il sera constitué un CHSCT par établissement.

Le CHSCT, créé il y a plus de trente ans, est en train de prendre un poids important dans la gestion de l'entreprise au quotidien puisque les risques graves et les projets modifiant la sécurité et les conditions de travail sont très fréquents : changement de stratégie, réorganisation du travail, fusion, plan de sauvegarde de l'emploi, plan de départ

---

1. Le nombre de représentants du personnel est fonction de la taille de l'établissement ou de l'entreprise, de 3 à 9 (dont un tiers de cadres et/ou agents de maîtrise). L'employeur (ou son représentant) est le président du CHSCT. Un représentant des salariés est désigné secrétaire du CHSCT. Les délégués du personnel sont désignés par les membres élus du comité d'entreprise et les délégués du personnel. Ils sont les seuls à disposer d'une voix délibérative en ce qui concerne les modalités de fonctionnement et l'organisation des travaux du CHSCT. Tout salarié (syndiqué ou non) d'une entreprise peut devenir membre du comité. Les représentants du personnel au CHSCT doivent bénéficier d'une formation théorique et pratique nécessaire à l'exercice de leur mission. Elle doit les aider à déceler et mesurer les risques professionnels, et à analyser les conditions de travail. La durée de leur mandat est de deux ans.
Le CHSCT se réunit au moins tous les trimestres à l'initiative de l'employeur et plus fréquemment en cas de besoin, notamment dans les branches d'activité présentant des risques particuliers. Le CHSCT doit également se réunir à la suite de tout accident ayant entraîné ou ayant pu entraîner des conséquences graves, ou bien à la demande motivée de 2 de ses membres représentants du personnel.
Le procès-verbal des réunions, généralement rédigé par le secrétaire du CHSCT, est conservé dans l'établissement et tenu à la disposition de l'inspecteur du travail, du médecin inspecteur du travail et des agents des services prévention des Caisses d'assurance retraite et de la santé au travail (CARSAT).
Le médecin du travail et le chargé de prévention dans l'entreprise assistent aux réunions du CHSCT et doivent y être convoqués. Ces personnes ont droit aux informations destinées au CHSCT mais ne participent pas aux votes, car elles ne disposent que d'une voix consultative. L'inspecteur du travail et les agents des services prévention des CARSAT sont, en outre, informés de toutes les réunions, et peuvent y assister.
L'employeur fournit aux membres du CHSCT l'ensemble des informations qui sont nécessaires pour l'exercice de leurs missions. De leur côté, les membres du comité sont tenus à une obligation de discrétion et au secret professionnel.
En cas de risque professionnel grave constaté dans l'établissement ou en cas de projet important modifiant les conditions d'hygiène et de sécurité ou les conditions de travail, le CHSCT peut enfin faire appel à un expert. Les frais d'expertise sont alors à la charge de l'employeur.

volontaire, déménagement... pouvant entraîner une pression plus intense sur les salariés. De célèbres arrêts de justice, suite à des expertises, ont bloqué la mise en œuvre de projets de certaines entreprises (arrêt Snecma 2008 et arrêt Fnac 2012). *« Les expertises du CHSCT se sont même vu reconnaître un pouvoir de blocage des décisions de la direction par une jurisprudence qui a placé l'obligation de sécurité de résultat au-dessus de la liberté d'entreprendre »* écrivait le directeur des études et du conseil de l'Institut supérieur du travail (IST).

D'après Martin RICHER[1], se déroulent environ 1 200 expertises par an. Sachons aussi qu'aujourd'hui 14 000 CHSCT sur 24 000 (près de 60 %) sont complètement actifs au sens où ils tiennent au moins les 4 réunions par an prévues par la réglementation. Cela signifie que, sur une année, 5 % des CHSCT bénéficient d'une expertise. Loin d'être généralisé, le recours à l'expertise apparaît donc plutôt comme exceptionnel.

Le nombre de cabinets agréés a régulièrement progressé. En 1994, la première liste des experts agréés comporte 7 cabinets, 27 en 2001, 50 en 2007, 57 en 2008, 62 en 2009, 74 en 2010 et 78 en 2013.

Jean-François PILLIARD, aujourd'hui vice-président du Medef en charge du pôle social, déclarait dans la revue Travail et Changement de l'Agence nationale des améliorations des conditions de travail (ANACT) : *« Il est évident que lorsqu'il est le lieu d'une concertation constructive, le CHSCT peut contribuer de façon efficace à l'élaboration de la politique de prévention de l'entreprise qui reste, bien entendu, sous la responsabilité de l'employeur. »*

Depuis 2001, il existe une obligation pour l'employeur de toute entreprise quelle que soit sa taille, d'avoir un document dans lequel il recense et cote tous les risques existants pour la santé des salariés et les actions mises en œuvre pour les supprimer, ou les réduire s'ils ne sont pas supprimables. Ce document unique d'évaluation des risques (DUER) est

---

1. « Les experts CHSCT sont-ils utiles ? » Martin RICHER, septembre 2013 sur le site Metis Europe. http://www.metiseurope.eu/les-experts-chsct-sont-ils-utiles_fr_70_art_29743.html

le premier document que l'inspecteur du travail demande lorsqu'il arrive dans une entreprise. Il doit répertorier et donner une vision synthétique des principaux risques par entités/secteurs d'activité, et cela dans chaque bâtiment. Les risques pour la santé physique sont, en général, bien répertoriés ; ceux pour la santé mentale sont souvent peu détaillés. Les membres du CHSCT doivent veiller à l'actualisation, au moins annuelle, de ce DUER. Ce document unique doit contenir en face de chaque risque des actions de prévention, qui doivent être mises en œuvre et planifiées[1].

Pendant longtemps, les entreprises ont répertorié et planifié mais peu mis en œuvre les actions de prévention, sous prétexte que celles-ci coûtent cher. Or on sait qu'il n'en est rien, plusieurs études ont démontré le réel retour sur investissement qu'apporte une prévention bien conduite. Pour 100 euros investis dans la prévention, les quatre études ci-dessous ont démontré un gain attendu de 219 à 400 euros.

La première méta-analyse « People and Profits[2] », qui regroupe 80 études sur trente ans a démontré une corrélation positive entre performance sociale et économique dans 53 % des cas.

La seconde étude de l'OPPBTP de mars 2013[3] sur « La dimension économique de la prévention » a démontré que 100 euros engagés dans la prévention entraînaient 219 euros de gains. Cette étude est extrêmement intéressante, parce que c'est l'une des rares en France au plan microéconomique à mesurer l'efficacité de la prévention.

Une étude de l'Association internationale de la Sécurité sociale (AISS) de 2011[4], réalisée par 300 entreprises dans 15 pays différents, montre que le ratio moyen bénéfice-coût est de 2,2. C'est-à-dire que pour tout

1. Dans les établissements de moins de 50 salariés, les délégués du personnel sont investis des missions dévolues au CHSCT.
2. Margolis et Walsh, 2011.
3. Cette étude publiée en mars 2013 a porté sur 101 cas d'actions de prévention et abouti à des analyses valorisées de façon comptable et validées par les entreprises rencontrées sur le terrain.
4. « Rendement de la prévention : calcul du ratio coût-bénéfice de l'investissement dans la prévention et la sécurité en entreprise », AISS, septembre 2011.

investissement de prévention de 100 euros, réalisé dans la sécurité et la santé en milieu de travail, un bénéfice de 220 euros est attendu.

Au Canada, selon le groupe Entreprises en santé (ex-GP2S), les entreprises ayant mis en œuvre un programme de prévention santé et sécurité ont un retour sur investissement entre 2,75 et 4. Elles ont obtenu une augmentation de leur productivité de 9 %, et réduit l'absentéisme de 2 %.

Il n'y a donc plus de raison pour ne pas mettre en œuvre cette prévention. Les pays nordiques et le Canada s'y sont employés avec des résultats exemplaires, en particulier sur les TMS et les RPS.

Le 19 juin 2013, en France, un accord interprofessionnel a été signé sur la qualité de vie au travail. Chacun, dans son entreprise, peut s'inspirer de cet accord pour négocier un accord qui améliore de façon simple les conditions de travail.

Qu'attendons-nous pour avoir des entreprises et des salariés en bonne santé ?

Chapitre 7

La mise en œuvre
de la démarche HQH®

Dans notre pays d'intellectuels autocrates, nous pensons les stratégies et trop souvent supposons aussi que l'intendance suivra. Or nous constatons que derrière, les grandes intentions, l'intendance ne suit plus. Il faut donc véritablement être exigeant sur la mise en œuvre et l'organiser de façon structurée.

La démarche pour qui ? les parties prenantes

Les parties prenantes sur la santé et le bien-être au travail, dans l'entreprise, sont l'employeur ou la direction (le dirigeant, le comité de direction, la direction des ressources humaines), le Comité d'hygiène de sécurité et des conditions de travail (CHSCT), les services de santé au travail (SST), les intervenants en prévention des risques professionnels (IPRP), la structure Hygiène sécurité environnement (HSE). Mais aussi tous les managers, les représentants du personnel (IRP, DP, CE, CCE), les salariés eux-mêmes ainsi que les inspecteurs du travail dépendant de la Direction régionale des entreprises, de la concurrence, de la consommation, du travail et de l'emploi (DIRECCTE) ou les inspecteurs des Caisses d'assurance retraite et de la santé au travail (CARSAT).

Si, en matière de prévention des risques professionnels, la responsabilité incombe à l'employeur, les démarches et actions qui en découlent ne sont pleinement efficaces qu'au travers d'une collaboration étroite avec les différents acteurs.

La qualité de vie au travail constituant un véritable enjeu de performance pour les organisations, il ne faut pas réserver la Haute Qualité

Humaine (HQH®) aux seuls départements des ressources humaines et au CHSCT mais l'élargir aux directions générales, directions de l'environnement de travail et à tous les secteurs de l'entreprise. Cet état d'esprit HQH® doit être partagé par tous, et bien entendu l'exemplarité est essentielle à sa diffusion.

Cette qualité de vie au travail doit s'améliorer à 4 niveaux : celui de la personne, celui de l'équipe et du management, celui du processus de travail et celui de la gouvernance.

Les 4 niveaux de la HQH®

- **Être BIEN dans son poste** : au niveau de la personne, il est essentiel que chaque salarié se sente bien dans son poste. Nous retrouvons ici tous les éléments de la prévention du stress et des risques psychosociaux, mais aussi tous les leviers que sont la reconnaissance du travail, la motivation et l'engagement de chacun.
- **Être BIEN dans ses relations de travail** : au niveau de l'équipe et des relations collaborateurs-managers, il est important que les relations interpersonnelles soient conviviales et professionnelles. Le respect de la personne et de la contribution de chacun est la pierre angulaire de l'atmosphère de travail. Ici sont abordés le climat du travail, la gestion des conflits, la coopération, l'entraide entre collègues et le soutien du manager de proximité.
- **Être BIEN dans son organisation** : au niveau de l'organisation du travail, il est nécessaire de veiller à l'efficacité et l'efficience des processus, des méthodes de travail et des outils. C'est aussi à ce niveau que se discutent la charge de travail, la clarté des rôles et la conduite du ou des changements.
- **Être BIEN avec sa gouvernance** : au niveau de la gouvernance de l'entreprise, c'est ici que se travaille la stratégie de l'entreprise pour proposer une vision qui a du sens pour tous. Il est important de montrer la cohésion et l'esprit d'équipe de la direction ainsi que l'exemplarité. La direction doit montrer qu'elle a confiance dans ses équipes et accepter le partage du pouvoir.

Quand démarrer la démarche ?

Si nous sommes convaincus de l'intérêt économique de la HQH®, alors il est urgent de se mettre en route. C'est un défi à relever pour notre société ; un défi pour l'intelligence et la compétitivité. Il faut le faire avec méthode et enthousiasme. HQH® peut être une méthode qui peut vous aider, elle n'est en aucun cas une recette toute faite et prête à l'emploi. Elle doit s'adapter à votre contexte et à votre histoire.

En réalité, même si nous avons répondu à la question du pourquoi, le plus urgent est de se dire quand démarrer et par où démarrer ?

Pour démarrer, il est souvent indispensable d'avoir d'abord un bon diagnostic pour savoir où l'on en est, connaître ses facteurs de risques et ses forces de soutien, et savoir où l'on veut aller. L'important est d'être en progression et de suivre les indicateurs et points d'amélioration régulièrement, et surtout de développer les lieux de dialogue sur le travail réel dans l'entreprise.

En fait, le plus difficile est de faire cohabiter 3 temporalités différentes :

- le temps du marché et celui de l'entreprise (3-6 mois), qui va de plus en plus vite, avec des résultats à court terme demandés par les actionnaires ;
- le temps du dialogue social qui demande une volonté, une méthode, une équipe pérenne de chaque côté et, au minimum, un an pour donner des résultats concrets ;
- le temps de la santé et de la mise en œuvre des actions de prévention qui nécessitent une vision sur le long terme, avec des résultats à deux ou trois ans.

S'il est important de démarrer sans attendre, il est urgent de ne pas se précipiter dans ces démarches d'amélioration de la qualité de vie au travail car elles vont toucher à 3 grands sujets de fond : l'organisation du travail, le management et les relations au travail, l'environnement de travail. En effet, trop souvent, les entreprises ou organisations veulent afficher des chartes et des résultats, plaquer des solutions toutes faites, dont on sait qu'elles ne sont pas efficaces sur le long terme. Enfin, le temps de la concertation, de l'écoute des parties prenantes et du dialogue est irremplaçable pour solutionner de manière efficiente les problématiques autour de ces 3 sujets. Il faut donc organiser les échanges, et avoir des instances de démocratie sur la meilleure façon de réaliser son travail.

Comment mettre en œuvre une politique HQH® ?

C'est sans doute ici que les attentes sont les plus grandes. Il n'existe pas de recette toute faite et chacun en fonction de ses spécificités, de son secteur d'activité, de sa taille, devra adapter au sein de son entreprise les informations consignées dans cette section.

En revanche, une chose est certaine, la qualité de vie des personnes dépend en grande partie de leur capacité à réaliser un travail de qualité. Car le plaisir au travail vient de la satisfaction que l'on ressent à faire bien son travail. Tout l'enjeu du « comment » est donc de trouver les conditions qui permettent à chacun d'accomplir un travail de qualité.

■ Se fonder sur un travail de qualité

Mais qu'est-ce qu'un travail de qualité ? Si l'on en croit Yves CLOT[1], « *c'est un travail défendable aux yeux de ceux qui le font, dont on peut tirer un peu de fierté au moins de temps en temps. Si le travail n'est "ni fait, ni à faire", s'il n'est pas soigné, la qualité de vie au travail est un leurre.* » C'est pourquoi, on ne peut pas soigner le travail sans diagnostic du « travail réel », souvent bien loin du « travail prescrit ». Et surtout dans le secteur des services, travailler c'est bien souvent devoir faire face à des dilemmes, à des problèmes sans solution unique, ou à des situations discutables.

---

1. Titulaire de la chaire de psychologie du travail du Conservatoire national des arts et métiers (CNAM). *Le travail à cœur – Pour en finir avec les risques psychosociaux*, La Découverte, 2010.

Il est évident que l'on n'a pas le même point de vue selon que l'on est en première ligne du travail ou que l'on dirige le travail des autres. C'est lorsque l'organisation est fondée sur un déni de ces conflits de critères que la santé au travail se dégrade. Il s'agit donc d'organiser la coopération conflictuelle, pour faire du désaccord la source du dialogue et le moyen du diagnostic, et souvent de la solution. Chacun devant confronter ses critères du « travail bien fait ».

Dans un monde où l'économique prime, les managers ont tendance à dire à leurs équipes de ne pas faire trop de qualité, ce qu'ils appellent la « sur-qualité », car les clients ne sont pas prêts à la payer. Et c'est souvent le cas.

Et pourtant, l'Allemagne qui a résolument fait le choix de la qualité semble vendre ses produits plus facilement, avec de meilleures marges, que nous. Il ne faut pas se tromper de stratégie. Notre vieux continent a un socle de connaissances et une expérience extraordinaire pour être le concepteur des innovations dont le monde a besoin. Gardons la production du haut de gamme, celle que nous savons produire et ne demandons pas à nos ouvriers qualifiés de faire un travail bas de gamme, où ils ne seront pas compétitifs. Laissons ce travail aux automates et aux robots qui ne manqueront pas d'envahir nos usines. Arrêtons de demander à nos ingénieurs de faire un travail de techniciens, sinon ils iront le proposer et le développer dans d'autres pays que le nôtre.

▦ Une approche systémique, collaborative et qui sait se donner du temps

L'important dans le « comment faire » est d'avoir une approche systémique qui réclame une vision globale avec une coordination bien identifiée, car la HQH® rassemble les compétences multiples trouvées à tous les niveaux de l'organisation. La HQH®, comme la performance, traverse tous les services ou départements de l'entreprise. Une véritable politique HQH® doit, *a priori*, partir de la direction générale, et même du conseil d'administration si l'on veut une réelle implication de tous.

Cependant, elle peut aussi démarrer de la base et venir des salariés eux-mêmes qui seront alors à l'origine de la « révolution HQH® ».

C'est une démarche qui doit être pilotée de façon collaborative entre les différents services généraux (de l'environnement de travail), juridiques, des ressources humaines, de la responsabilité sociale (ou sociétale) et environnementale (RSE), de l'immobilier, de la santé et sécurité au travail, de la performance, de la communication... Elle doit ensuite infiltrer tous les secteurs, de la production aux ventes, en passant par le marketing et allant jusqu'aux clients.

Trois étapes importantes doivent baliser cette démarche. D'abord, la volonté de rechercher un diagnostic précis avec des indicateurs pour piloter, et un diagnostic partagé par toutes les parties prenantes. Ensuite, une fois d'accord sur le diagnostic, il est toujours plus facile de construire un plan d'actions concerté. Enfin, le plus compliqué est de mettre en œuvre ces actions. C'est ainsi que le suivi de l'évolution des indicateurs pour constater l'efficacité des actions ou réorienter celles-ci au besoin constitue la troisième étape.

Un autre élément essentiel de la démarche est de se donner du temps et une vision sur le long terme mais avec des objectifs précis, compréhensibles par tous et mesurables. Bien évidemment, ces objectifs doivent être adaptés à votre secteur d'activité, à votre culture d'entreprise et à votre organisation. Il ne faut pas hésiter à se les donner pour les dix années à venir. Cette vision donne confiance aux salariés. Elle balise aussi un chemin de progrès, grâce à des indicateurs simples mais régulièrement mesurés. C'est déjà ce que font de nombreuses entreprises qui se sont réellement engagées en matière de RSE.

■ Trois facteurs clés de succès : l'autonomie, le lien et la confiance

Trois éléments sont essentiels au développement d'une politique HQH® : l'autonomie, le lien et la confiance. Ce sont les éléments qui doivent être présents à tous les étages d'une démarche de progrès.

L'autonomie est première

C'est en mettant les salariés dans de bonnes conditions de travail et en leur laissant de l'autonomie qu'ils trouvent eux-mêmes le plaisir de faire et de bien faire les choses. C'est la force de la motivation intrinsèque.

> Donnez à vos salariés le « pourquoi » de leur travail et laissez-leur la marge de manœuvre du comment le faire, et vous serez surpris.

Les bases de la motivation, de la performance et du bien-être ont été largement étudiées à partir des besoins intrinsèques de la satisfaction. Après Maslow et McGregor, ce sont deux chercheurs de l'université de Rochester, Deci et Ryan[1], qui ont posé les bases de ce qui détermine la motivation. Très succinctement, on retrouve le management par l'autonomie et le soutien de son environnement dans les principaux facteurs pour satisfaire aux 3 besoins essentiels que sont justement ce besoin d'autodétermination, celui de pouvoir créer des liens, celui de pouvoir montrer et développer sa compétence. Si ces facteurs sont réunis, alors l'engagement augmente, l'anxiété diminue et l'estime de soi s'accroît très largement.

---

1. http://www.selfdeterminationtheory.org/. En 1971, Deci montre que la persistance à bien faire des individus, durant une période de libre choix, est moins importante pour les sujets récompensés que pour ceux qui ne le sont pas. Ce résultat, contre-intuitif pour l'époque, démontre, de façon expérimentale, pour la première fois chez l'homme que la récompense n'est pas un facteur motivant dans tous les cas de figure. DECI et RYAN (2002) postulent l'existence de 3 besoins psychologiques basiques qui, dans le cadre d'un environnement favorable à leur épanouissement, permettent à l'individu d'atteindre un optimal à la fois en termes d'expérience comportementale, de développement personnel et d'expérience dans des situations spécifiques.
   – **Le besoin de compétence** fait référence à la sensation que peut éprouver l'individu lorsqu'il interagit efficacement avec son environnement et a l'occasion d'utiliser ses capacités.
   – **Le besoin de relation sociale** a trait au fait de se sentir connecté aux autres, d'être attentif à autrui et d'avoir un sentiment d'appartenance à la fois aux autres individus mais aussi à des communautés de personnes. Le besoin de se sentir en relation avec les autres est déconnecté de l'obtention de certains bénéfices (sexuel par exemple) ou de l'atteinte de différents statuts (devenir membre d'un groupe, devenir épouse, par exemple). L'idée est de partager avec d'autres membres un sentiment d'unité.
   – **Le besoin d'autodétermination** est lié au fait d'être à l'origine de son propre comportement. Les comportements intrinsèquement motivés sont déclenchés de façon totalement libre et autodéterminée, par intérêt et pour le plaisir de pratiquer l'activité en elle-même.

L'autonomie ne peut réellement être efficace que si chaque salarié a pu s'approprier une vision de l'entreprise et de sa mission, et a la liberté de prendre des initiatives personnelles ou collectives pour y contribuer.

> Autonomie, dans notre monde complexe, ne veut pas dire « être tout seul ». Au contraire, favorisez le travail collectif, soutenez vos équipes quand elles vous le demandent, ne les lâchez pas. Nous sommes à l'ère de l'autonomie reliée.

L'autonomie, c'est la capacité à prendre des risques, à innover, à apprendre des choses nouvelles, à voir différemment. Si les individus ont trop peu d'autonomie, ils vont vite tomber dans l'ennui d'un travail imposé et répétitif ; s'ils en ont trop, ils peuvent ne pas savoir se mettre de limites et se brûler les ailes. Il faut donc bien trouver l'équilibre entre ennui et burn-out.

Dans un univers hyperconcurrentiel, au-delà des innovations produit, ce qui fait la différence, vous l'avez déjà bien compris en étant vous-même client, c'est la qualité du service et donc la qualité des hommes et leur implication à agir pour le mieux en toute autonomie face à une situation particulière.

> Agissez avec vos équipes, comme vous voulez qu'elles agissent avec vos clients. La qualité de service dépend de la qualité du travail réalisée par les salariés et de leur capacité à « faire la différence » avec les clients.

Le lien pour réenchanter le monde et notre travail

La vie ne se résume pas aux chiffres du PIB et aux indicateurs économiques, et les critères du bien-être sont différents entre les pays. L'Organisation de coopération et de développement économiques (OCDE) mesure un indicateur du bien-être. Les 11 critères retenus expriment ce qu'elle considère comme des éléments essentiels au bien-être, en termes de conditions de vie matérielle (emploi, logement, revenu) et de qualité de vie (liens sociaux, enseignement, environnement, équilibre entre travail et vie privée, gouvernance, santé, satisfaction et sécurité). Et parmi les 11 critères du « vivre mieux » mesurés dans 34 pays par l'Organisation sur son site[1], les 2 principaux mis en avant par la majorité des États membres sont les liens sociaux et la santé.

> Allez sur le site, créez votre propre indicateur du « vivre mieux », et comparez-le à d'autres.

Tout ce qui crée du lien entre les personnes est bénéfique pour la vie d'abord, pour le commerce ensuite (pour les salariés, pour les clients et donc pour l'entreprise). Vous allez découvrir comment le lien fait beaucoup plus que vous ne l'imaginez.

Créer des liens signifie rentrer en résonance avec le monde (la contemplation de la nature qui nous rend heureux) et avec les personnes. Cela veut dire s'ouvrir au monde et envoyer des signes positifs.

> Faites l'expérience : dès que vous envoyez des signes positifs, vous en recevez, et à l'inverse, dès que vous envoyez des signes négatifs, vous en recevez tout autant.

Toutes les études le montrent, le temps passé avec des amis est associé à un niveau moyen de sentiments positifs plus élevé et à un niveau moyen de sentiments négatifs plus faible que le temps consacré à d'autres activités.

Créer du lien et entrer en résonance, comme le dit le sociologue allemand Hartmut Rosa[2], prend du temps. Et c'est justement ce que notre monde moderne, dans son accélération, ne nous donne pas. En fait,

---

1. oecdbetterlifeindex.org/fr/
2. Hartmut Rosa est sociologue, professeur à l'université Friedrich-Schiller d'Iéna en Allemagne. Il est un spécialiste de la question de l'accélération qu'il aborde avec les outils forgés par la théorie critique d'Adorno et de Horkheimer. Il est l'auteur d'*Accélération. Une critique sociale du temps* (La Découverte, 2010) et d'*Aliénation et Accélération. Vers une théorie critique de la modernité tardive* (La Découverte, 2012).

notre monde fabrique des faux liens avec des « j'aime » sur Facebook ou des « followers » sur Twitter qui créent une certaine dépendance. Et la musique dans nos oreilles tente de nous apporter une autorésonance que nous ne trouvons plus dans la relation aux autres. De plus en plus notre relation aux autres passe par des écrans (ordinateurs, téléphones, smartphones) pour travailler, jouer, se distraire. Ainsi, nous perdons la dimension sensible et corporelle de la relation. Or cette dimension est essentielle à notre bien-être et bien vivre. C'est pourquoi aujourd'hui le sport, avec notre corps, est une façon de résonner avec les autres. Tout comme l'art nous touche dans notre corps, que cela soit par la joie de la musique, les rires ou les larmes au théâtre ou au cinéma, les émotions ainsi déclenchées nous rendent plus humains, plus en relation et plus heureux. Au sommet d'une montagne ou face à la mer, nous résonnons avec la nature, notre âme et notre corps se dilatent. La démocratie était aussi un élément de résonance commun dans la société, or la politique aujourd'hui ne répond plus. Il y a une crise de la démocratie et une crise de résonance aussi dans l'entreprise.

Pourquoi le lien est-il si important ? Et pourquoi avons-nous besoin de cette résonance ? Car c'est de l'autre que vient la reconnaissance. Il reconnaît ce que l'on fait, ce que l'on est. C'est dans la relation avec l'autre que chaque individu peut montrer son talent, se différencier, partager l'altérité et recevoir en retour une reconnaissance immédiate.

Les neurosciences nous apprennent que le souci de l'autre est associé à l'activation des mécanismes du plaisir dans le cerveau[1]. La chimie complexe qui associe dopamine (hormone de la motivation) et ocytocine, crée du plaisir par le biais de la relation aux autres. Et le plaisir réduit les hormones du stress (le cortisol et l'adrénaline). Il augmente la libération d'hormones de croissance – qui viennent réparer les dégâts causés par le stress au niveau de l'immunité – et permet la libération d'endorphines qui, par des mécanismes indirects, viennent de nouveau

---

1. Jean Decety, neurobiologiste, chercheur franco-américain professeur de psychiatrie et de psychologie à l'université de Chicago, a beaucoup travaillé sur les mécanismes de l'empathie : *Empathy - From Bench to Bedside* (2012). J. Decety (Ed.), MIT Press, Cambridge.

augmenter la libération de dopamine[1]. Il semblerait donc bien qu'il existe un cercle vertueux du plaisir démontré par la science. Il n'y a donc pas de mal à créer du lien et à se faire du bien !

C'est sans aucun doute aussi pour cela que dans son *Plaidoyer pour l'altruisme*[2], Matthieu Ricard explique que l'on n'imagine pas la force de la bienveillance, le pouvoir de transformation positive qu'une véritable attitude altruiste peut avoir sur nos vies au plan individuel et, partant, sur la société tout entière.

Dès que vous mettez du lien, de la convivialité entre les personnes, elles sont plus heureuses. Or les individus heureux produisent plus, sont plus créatifs, et font mieux leur travail[3].

Certains managers croient encore que le stress et la peur sont les meilleures façons de stimuler le travail de leurs salariés. Nous avons déjà démontré le contraire. Si on regarde bien les chiffres et données issues des recherches récentes, au-delà des intuitions et des anecdotes, vous verrez que c'est clairement le bonheur qui booste la performance.

> Soyez attentifs à la « météo intérieure » de vos équipes et suivez-la régulièrement.

La confiance est le socle de la reconnaissance

On devrait d'ailleurs parler « des » confiances. Celle que l'entreprise fait à ses salariés, sur la base de leurs compétences, celle que chacun a en lui-même (l'estime de soi) et celle que les salariés font ou non à leur entreprise ou direction.

Si l'entreprise a réussi à créer du lien entre les personnes, alors une confiance peut s'installer. Faire confiance à quelqu'un, c'est le

---

1. LEE S., BERK L.S., et al. « Cortisol and catecholamine stress hormone decrease is associated with the behavior of perceptual anticipation of mirthful laughter ». Résultats présentés lors du 121ˢᵗ annual meeting of the American Physiological Society (APS).

2. Matthieu RICARD, *Plaidoyer pour l'altruisme*, NIL, 2013.

3. Teresa AMABILES et Steven KRAMER, *The Progress Principle*, 2012.

responsabiliser sur ses missions et ses actions, et lui permettre d'être reconnu pour ce qu'il a réellement accompli.

> Plus vous ferez confiance à vos salariés, plus ils auront confiance en eux-mêmes.

Et si la confiance est là, la véritable confiance, alors pourquoi vérifier en permanence ce que chacun fait ? Même si la confiance n'exclut pas le contrôle car il existe toujours des brebis galeuses, que celles-ci ne nuisent pas à la majorité des personnes qui font correctement les choses ! Combien de fois ai-je entendu des salariés dire qu'ils étaient « infantilisés par le système ». Comment voulez-vous, dans ces conditions-là, développer le sens de la responsabilité ?

En ce sens-là, la confiance est aussi une puissante source d'économie. Dans de nombreuses entreprises, les notes de frais par exemple sont épluchées par une série de contrôleurs. Ce travail prend un temps considérable et coûte donc cher à l'entreprise. En outre, cela fait régner un climat de suspicion.

Si on explique aux salariés que l'on va leur faire confiance dans tous les domaines, y compris dans celui de leurs dépenses, toute dépense qui peut apporter sérieusement un service à un client ou permettre de développer une relation commerciale efficace sera alors justifiée.

À l'inverse, si l'on déclare que toutes les dépenses non justifiables ou superflues sont des freins au développement de l'entreprise, il existera très vite une autorégulation entre les salariés sur ce sujet.

Lorsque les règles sont clairement énoncées concernant les notes de frais, il ne sert à rien de les contrôler toutes. En revanche, il faut annoncer que le contrôle peut toujours avoir lieu. Et en cas de repérage d'une exagération ou d'une erreur, la direction se réservera non seulement le droit d'en sanctionner l'auteur, mais celui-ci sera alors systématiquement contrôlé et ne bénéficiera plus de la confiance *a priori*.

Chapitre 8

La qualité de vie au travail

Depuis 2003, chaque année, l'ANACT propose une semaine de réflexion sur la qualité de vie au travail (QVT). Dix ans après, le 19 juin 2013, les partenaires sociaux signent l'accord national interprofessionnel (ANI) sur la qualité de vie au travail. La grande innovation de cet accord est de ne plus segmenter les problématiques mais d'avoir enfin une vision plus globale. Il s'agit de créer les conditions d'une performance globale et durable de l'organisation qui soit conciliable avec les besoins des hommes.

Vincent Prolongeau, alors président de Pepsico France, avait saisi, il y a déjà plus de cinq ans, l'intérêt pour l'entreprise de comprendre les objectifs individuels de ses salariés. En effet, chaque individu poursuit des objectifs individuels qui lui sont propres et subjectifs (dont certains ne sont même pas liés au travail) et il est dans l'intérêt de l'entreprise d'aider cet individu à les atteindre. Le salarié est ainsi véritablement reconnu pour ce qu'il est et il donne alors toute sa mesure aussi dans son travail.

Il se révèle essentiel de faire que l'entreprise appartienne aux salariés. Certes, le capital appartient aux actionnaires, mais si les salariés se sentent chez eux dans l'entreprise, s'ils peuvent développer les conditions d'une meilleure qualité de vie, alors ils seront vraiment impliqués dans leur travail. Les résultats de Pepsico ont largement démontré l'efficacité de la méthode.

Genèse de la qualité de vie au travail

Le compromis fordiste du XXᵉ siècle selon lequel les gains de productivité réalisés par les travailleurs leur profitaient en termes d'augmentation de pouvoir d'achat ou de protection sociale, et qui était la pierre angulaire de l'engagement des salariés, semble avoir éclaté depuis les années 1980 où l'hyperconcurrence mondiale a remis en cause le partage de la valeur. La disparition de ce pacte social a créé un fossé grandissant entre les objectifs des salariés et ceux de leur entreprise.

Face à ce grand écart, et pour tenter de répondre à des injonctions paradoxales, est née la souffrance au travail. Certains observateurs disent que nous sommes passés en dix ans du concept du stress au travail à celui de la qualité de vie au travail, en transitant par la prévention des risques psychosociaux (RPS). D'une logique de risque, encadrée par des obligations légales précises qui s'imposent à l'employeur et sont aujourd'hui encore bien souvent le principal déclencheur des actions, nous arrivons à une logique d'opportunité pour agir sur le travail et les conditions de travail, tout en y associant le développement des personnes.

La prévention des RPS se heurte à la résistance passive de nombreux managers qui n'en voient pas le bénéfice opérationnel ou managérial direct. Ils pensent aussi que le fait de ne pas avoir de travail est une bien plus grande souffrance. Et que le fait d'avoir un travail devrait suffire à rendre les gens heureux.

De plus, les entreprises perçoivent souvent les dépenses de prévention des RPS comme des coûts, alors que ceux de la qualité de vie au travail représentent un investissement. C'est pourquoi, il faut concrètement donner des objectifs de qualité de vie aux managers. Ils sont facilement sujets à débats avec les collaborateurs. La démarche est participative et permet de travailler sur les véritables attentes des salariés.

Toutes les parties prenantes peuvent ainsi devenir coacteurs de la qualité de vie au travail. Cela réintroduit de la souplesse et de la confiance entre les acteurs, et donc dans l'organisation. Nous retrouvons ici le droit d'expression des salariés sur leurs conditions de travail imaginé par les lois AUROUX. Ainsi, les entreprises désireuses d'innovation et de performance auront tout intérêt à s'occuper de leurs salariés.

La qualité de vie au travail semble, de façon positive, pouvoir dégager des gisements de motivation, d'enthousiasme et de créativité, et donc réconcilier les acteurs autour d'une performance globale, économique, humaine et environnementale.

Nous avons travaillé à partir des 6 dimensions de l'ANACT définissant la qualité de vie au travail.

Les 6 dimensions de la qualité de vie au travail

La qualité des relations sociales et de travail

Les relations de travail reprennent le lien essentiel qui existe ou non entre les collaborateurs et la façon dont les personnes sont considérées dans l'organisation. La qualité des relations managériales en découle souvent et l'exemplarité des membres du comité de direction est, à cet égard, cruciale. Ils sont à la recherche de performance. Celle-ci sera atteinte s'ils dirigent dans le respect des personnes, avec une bienveillance lucide et avec de l'enthousiasme. Ils doivent montrer le chemin et dire haut et fort ce qui n'est pas acceptable, de façon à ne pas laisser s'installer des comportements non respectueux.

Concernant les relations sociales, au-delà du formalisme des réunions du CE ou du CHSCT, il s'agit aussi de comprendre si le dialogue social fonctionne réellement entre les différentes parties prenantes.

> Face aux violences et conflits latents, n'hésitez pas à utiliser toutes les armes pouvant apaiser les relations et, entre autres, l'efficacité discrète de la médiation.

La qualité du contenu du travail

Le contenu du travail permet d'aborder ce qui nous réunit au travail, c'est-à-dire l'activité de travail. Le travail doit avoir un sens, et chacun doit pouvoir trouver sa place dans ce projet.

La qualité de l'environnement physique de travail

Il est bien sûr plus facile de bien travailler dans un environnement propre, ordonné, tempéré, sans bruits abrutissants, avec suffisamment de lumière et d'espace. Et s'il est indéniable que les conditions physiques de travail se sont nettement améliorées dans les entreprises depuis le début du XXe siècle, les attentes ont aussi largement progressé en la matière. Et ce qui était encore acceptable il y a quelques années semble ne plus l'être.

La qualité de l'organisation du travail

Nous abordons ici un sujet majeur qui est la façon dont on travaille ensemble. Organiser le travail, c'est le prévoir, le discuter, le distribuer et le contrôler. C'est souvent là, que le bât blesse car l'accélération du monde ne nous permet plus de négocier le travail, de le discuter pour pouvoir le réaliser au mieux. Aujourd'hui, trop souvent, il faut « faire d'abord » souvent mal et vite, et refaire ensuite.

La possibilité de réalisation et de développement professionnels

Si l'entreprise respecte les projets personnels et permet le développement professionnel, elle ne me donne aucune raison de la quitter. Elle va développer les compétences et l'employabilité de ses salariés.

Nous savons que certains mettent dans l'entreprise la même exigence que celle qu'ils déploient dans leurs projets personnels. C'est pourquoi il faut reconnaître aussi les projets personnels des salariés car ils y développent des qualités très utiles à l'entreprise. Et si l'entreprise reconnaissait les projets personnels de leurs collaborateurs, si elle s'y impliquait juste un peu, combien, en retour, ils pourraient la faire vraiment profiter de leurs talents et faire progresser le collectif !

> Sachez trouver le talent de chacun de vos salariés et mettez-le au service de votre entreprise, tout le monde sera gagnant.

À force de ne plus les voir, des entreprises passent à côté de leurs collaborateurs qui mettent leur intelligence et leur énergie ailleurs, dans une passion, une association, ou un sport.

La vie cachée des gens : s'investir ailleurs

Dans une usine, en France, alors que nous interrogions des salariés sur leurs conditions de travail, nous voulions rencontrer des gens qui ne s'exprimaient jamais : ceux que l'on ne voit pas, ou n'entend pas, ceux qui travaillent de nuit par exemple. Un jour où nous insistions pour rencontrer un ouvrier, Denis, considéré par ses pairs comme un solitaire, un isolé, ses collègues nous dirent de lui qu'il était un simple d'esprit et que nous allions perdre notre temps à l'interroger. Enfin face à Denis, après beaucoup de réticence de sa part, et alors que nous prenions le temps de le mettre en confiance et lui assurions la discrétion de cet entretien, il finit par nous parler de son désintérêt pour l'entreprise dans laquelle il travaillait. « Ils n'écoutent plus leurs ouvriers car ils ne comprennent plus rien à nos métiers, ils ne respectent plus nos savoir-faire, ils ne peuvent les reconnaître car ils ne les connaissent pas. Ce sont des financiers qui nous dirigent à partir de tableaux Excel. Ils ne descendent même plus de leurs bureaux. Pourquoi voudriez-vous donc que je m'implique dans une entreprise qui ne tient aucun compte de mes remarques ? » Et il ajouta, après nous avoir fait promettre la totale confidentialité de ses dires auprès de la direction mais aussi de ses collègues, car « ils ne comprendraient pas » : « Depuis des années je suis champion du monde de Scrabble et je voyage dans le monde entier pour cela. J'ai appris plusieurs langues. Mais j'ai besoin de liberté pour organiser mes voyages, alors je préfère passer ici pour un simplet, au moins ils ne m'embêtent pas. Je fais juste ce qu'il faut pour gagner ma vie et me permettre de voyager à ma guise. »

▪ La conciliation entre vie au travail et vie personnelle

L'équilibre, notion souvent difficile, entre vie professionnelle et vie personnelle est un critère essentiel à long terme. Il faut travailler pour vivre, c'est une obligation pour chacun d'entre nous, à l'exception faite des héritiers-rentiers et des assistés (revers de la vie tels le chômage, ou situation de handicap qui autorise une rente donnée par la société). Mais en paraphrasant Molière, « il ne faut pas vivre pour le travail ».

Beaucoup de salariés en France, nous l'avons déjà vu, surinvestissent dans leur travail soit par vocation, soit par désir de gagner de l'argent ou du pouvoir, ou paradoxalement par peur de perdre leur emploi. Qu'il existe des périodes de la vie où l'on conçoit un investissement important dans le travail semble justifiable, en particulier au début d'une vie professionnelle, mais que les horaires de travail débordent sans cesse sur la vie personnelle, ne paraît positif ni pour l'entreprise ni pour la famille.

L'entreprise se trouve à la fois face au présentéisme peu productif de certains de ses salariés, et face à des salariés trop impliqués qui démotivent les autres par leur excès de présence. La famille, quant à elle, pâtit toujours de l'absence d'un parent pour l'éducation des enfants et pour l'implication dans la vie de la cité. Enfin, l'individu paye, au prix de sa santé, le tribut de son surinvestissement.

Nous soutenons l'idée qu'il faudrait lancer un carnet de santé de la vie professionnelle, pour suivre sur quarante ou cinquante ans de vie au travail les facteurs de risques et de protection de la santé. Nous pourrions le co-construire avec les médecins du travail et il ne faudrait pas grand-chose pour le réaliser.

Un carnet de santé de la vie professionnelle ?

Ce carnet de suivi, personnel et confidentiel, reprendrait les périodes de travail et les critères particuliers (salarié CDD ou CDI, indépendant, entrepreneur...), les périodes de congé, celles de chômage, les différents employeurs, les critères simples de santé en fonction de l'âge (taille, poids, pression artérielle, cholestérol, tour de taille, durée d'exposition à des toxiques ou de travaux pénibles...) et les principales maladies. Les médecins du travail pourraient alors avoir une véritable vision globale des risques. Les salariés eux-mêmes auraient cette vision globale et comprendraient mieux leur contribution aux différentes caisses de solidarité. Le calcul de la retraite de chacun en serait aussi facilité. Ainsi, chaque salarié pourrait arriver à la retraite avec une véritable vision de sa vie professionnelle.

Les 5 piliers de la HQH®

Après avoir beaucoup échangé et travaillé sur un système expert reprenant ces 6 dimensions de la qualité de vie et capitalisant sur notre expérience issue de l'interview de plus de 25 000 salariés dans des centaines d'entreprises, nous proposons un projet en 5 piliers, simple et facile à communiquer pour pouvoir s'adapter à toutes les organisations.

Nos cinq axes de progrès ont pour objectif de créer des organisations :

- Plus Sûre.
- Plus Saine.
- Plus Simple.
- Plus Sereine.
- Et avec plus de Sens.

C'est un outil puissant et crédible pour balayer les grands axes de progrès de la santé et de la qualité de vie au travail et développer des organisations HQH® dans lesquelles les hommes et les femmes sont heureux.

Nos « 5S » sont conçus pour faire le « bilan humain » d'une organisation ou d'une entreprise. Ils ont déjà été testés par un club de réflexion travaillant sur la HQH® animé par Better Human Cie. HQH® est une démarche qui peut aboutir à un label. Ce label est la traduction d'un référentiel qui confronte le déclaratif de la direction sur ses bonnes intentions à la perception des salariés. C'est la cohérence entre ce que dit l'entreprise, ce qu'elle fait et ce qui est perçu par les salariés qui permettra de donner du sens à ce label.

Après avoir testé ces 5 piliers, nous nous sommes rendu compte qu'ils représentaient une sorte de pyramide des besoins de MASLOW[1], adaptée à l'entreprise.

+ de SENS
Être bien dans sa gouvernance
(Fierté d'appartenance et épanouissement au travail)

+ SEREIN
Être bien dans ses relations au travail
(Interpersonnelles de qualité)

+ SIMPLE
Être bien dans son organisation
(Organisation efficace, efficiente et durable)

+ SAIN
Être bien dans son corps et dans sa tête
(Individus en bonne santé)

+ SÛR
Être en sécurité
(Environnement de travail adapté et sécurisant)

Fig. 19 – La pyramide HQH®, outil de pilotage de la qualité de vie au travail.

Cette vision globale de la HQH® avec ses 5 piliers et ses 3 fils conducteurs (autonomie, lien et confiance) représente un certain état d'esprit. Elle facilite surtout la structuration d'une démarche positive, fédératrice et constructrice dans l'entreprise. Si l'on détaille ces 5 piliers, on retrouve les principaux éléments constitutifs de la qualité de vie au travail.

---

1. Abraham MASLOW est un célèbre psychologue américain considéré comme le père de l'approche humaniste, surtout connu pour son explication de la motivation par la hiérarchie des besoins, souvent représentée par une pyramide des besoins.

■ Plus de sécurité

Dans ce pilier, nous retrouvons 3 types de sécurité.

Avoir un travail

Et mieux encore, avoir un emploi et un salaire qui correspondent à mes compétences. Avoir donc un emploi qui me permet d'être reconnu, apprécié pour ce que je fais. Et comme tout être humain, j'aime avoir la liberté de faire à ma façon, de marquer la différence, de voir ma performance, d'apprécier ma contribution et de pouvoir la partager avec les autres, mes collaborateurs ou mes clients. Cela me rend heureux et me donne confiance en moi. C'est aussi la prise en compte de l'environnement macroéconomique.

Travailler dans un environnement de travail **a priori** *sans risque*

Nous savons que le risque zéro n'existe pas dans la vie. Et malgré cela, l'un des premiers objectifs doit être le zéro accident de travail. Le plan sécurité incendie et le plan de prévention des risques spécifiques sont les premiers garants d'un environnement de travail sécurisé. La sécurité physique au travail réclame des locaux sûrs, mais également des machines sécurisées et des équipements de protection individuels (EPI) tels que le casque, les gants, les lunettes, les chaussures de sécurité, les bouchons dans les oreilles... afin d'éviter les accidents et de parer à tout risque. La sécurité au travail doit être appréhendée au-delà et en dehors des locaux avec, par exemple, une analyse de l'accessibilité du lieu de travail qui doit, elle aussi, être sécurisée par la réduction du risque routier mais aussi acceptable en termes de temps de transport, et de coût.

Un parking payant quotidien

Suite à des plans d'économies, 3 hôpitaux de centre-ville ont été regroupés sur un tout nouvel hôpital moderne en banlieue. Mal desservi par les transports en commun, cet ensemble hospitalier oblige son personnel à prendre une voiture pour y accéder. Un parking avait bien été prévu pour accueillir les salariés, les malades et leurs familles, mais il était payant pendant les heures de travail. Le fait de devoir venir en voiture et payer un stationnement a été très mal anticipé par la direction de l'hôpital, qui a essuyé une grève du personnel par manque de dialogue social et de prise en compte de la réalité quotidienne des salariés.

Rester employable

Un second objectif est ici 100 % d'employabilité. Cette sécurité dans la capacité à retrouver un emploi, ce que l'on appelle « employabilité », est aujourd'hui un élément crucial de la vie professionnelle.

Le monde bouge tellement vite que notre savoir est lui aussi très vite obsolète. Il faut donc apprendre et se former tout au long de sa vie. Un salarié très compétent dans sa spécialité, mais à qui aucune formation ne serait proposée tout au long de sa carrière serait ainsi rapidement « périmé », inemployable. Certes, les entreprises ne peuvent plus garantir l'emploi mais elles doivent au moins garantir l'employabilité de leurs salariés. D'où l'impérieuse nécessité de la formation tout au long de la vie professionnelle et de la gestion prévisionnelle des emplois et compétences (GPEC).

Des ingénieurs décodés

À la fin des années 1990, les ingénieurs informaticiens étaient formés sur un certain langage informatique. Ils ont ainsi permis à leur entreprise de se développer et d'offrir des services à des clients qui utilisaient ce langage. Mais près de vingt-cinq ans plus tard, les entreprises qui utilisent ce langage sont de moins en moins nombreuses. Et ces ingénieurs voient arriver une nouvelle génération de leurs collègues qui sont formés à de nouveaux langages. Très inquiets car leurs salaires sont élevés et leurs compétences obsolètes, ils perdent leur employabilité sur le marché.

▪ Plus de santé

Le troisième objectif concernant la santé serait d'avoir zéro maladie professionnelle, zéro burn-out et moins de 3 % d'absentéisme. Il faut bien prévoir les congés maternité par exemple.

Demain, avoir un tableau de bord de la santé de ses équipes sera une évidence, grâce aux objets connectés qui seront de plus en plus présents et utilisés.

Adapter le travail à l'homme

Les directions des ressources humaines, au gré des pressions juridiques, avancent dans ce domaine du bien-être de façon un peu « saucissonnée ». Elles répondent aux injonctions extrêmement contraignantes du Code du travail qui, par effet de profusion, manque singulièrement de lisibilité. Elles signent donc des accords avec les partenaires sociaux sur la parité, l'accueil des personnes handicapées, les seniors, le stress, la pénibilité… avec, au mieux, circonspection, au pire, une arrière-pensée d'effet de mode. Elles vivent au gré de ces négociations en se concentrant sur un petit bout de la lorgnette à chaque fois. En réalité, tout cela touche à la santé des individus, à celle des équipes et de la collectivité, mais personne ne le dit.

Ces accords-cadres, discutés entre experts des RH et membres des CHSCT, ne font pas réellement l'objet de discussions au niveau des salariés. Ils sont souvent très généraux et restent, en grande majorité, lettre morte. Le Code du travail dont la principale mission est de préserver la santé des salariés explique pourtant clairement qu'il faut « adapter le travail à l'homme » et non l'inverse.

Dans son livre *La Conviviale attitude au travail*[1], A. BENNANI décrit « 96 attitudes pratiques pour prendre soin de soi-même, des autres et de la planète ». C'est un texte positif, responsabilisant et rafraîchissant. Il pointe du doigt nos travers et démontre comment chacun de nous a une réelle part de responsabilité dans l'ambiance de travail.

---

1. A. BENNANI, *La Conviviale attitude au travail*, Le Dauphin Blanc, 2013.

L'optimisme au travail est bon pour la santé

Oui, l'optimisme est une composante essentielle de la santé ! Les personnes positives sont plus heureuses que les autres ; en envoyant des messages positifs, nous l'avons déjà dit, elles en reçoivent plus en retour. Elles ont et dégagent de bonnes vibrations. Si vous envoyez des messages négatifs, sans enthousiasme, sans espoir, ne soyez pas surpris d'en recevoir !

Très souvent, nous pouvons être blessants pour nos collaborateurs par notre ton, par notre regard peu bienveillant sur les personnes ou les choses, par un comportement *a priori* anodin mais qui sera perçu comme irrespectueux. L'important est de se parler et de ne pas laisser s'installer des incompréhensions. Et de s'attacher à voir toujours le verre à moitié plein.

Proposer des services originaux

Le temps de la vie professionnelle doit occuper un tiers de la journée. La réalité prouve que ce ratio n'est pas respecté car le temps de travail proprement dit déborde souvent le cadre légal (notamment pour les cadres au « forfait jour ») ; les déjeuners sont pris sur le lieu de travail ou hors du domicile, et les temps de transport associés au travail accusent des durées toujours plus longues.

Le déménagement d'entreprises en grande banlieue parisienne a souvent entraîné pour les personnels des allongements de temps de transport à la limite du supportable. Certains ont ainsi près quatre heures de transport quotidien, d'où cette intrusion folle de la vie professionnelle dans la vie personnelle et qui n'est pas tenable à terme. À quand des transports qui permettraient aux voyageurs d'une même ligne de se retrouver, de partager, de créer du lien ? Pourquoi ne pas inventer des salles de danse ou de yoga dans les transports en commun ? La RATP et la SNCF auraient intérêt à développer des activités de ce type. À quand des cours de peinture, de musique ou de danse dans les wagons du RER, des trains de banlieue ou des TER ? Vous choisiriez alors le wagon peinture, orchestre ou chant, danse selon vos désirs et rentreriez chez vous après avoir vécu un véritable SAS, heureux et disponible. Et le transport ne serait plus une perte de temps et une corvée quotidienne.

Il y a aujourd'hui des lieux nouveaux et des idées à inventer pour permettre aux salariés de développer des activités ludiques.

Inventer des modes de travail différents

Nous savons tous que la santé des salariés fait la performance des entreprises. Chaque entreprise aurait donc intérêt à s'occuper de protéger la santé de ses salariés. Certes, c'est à chacun de prendre soin de sa propre santé et il n'y a pas de mieux placé que la personne elle-même pour prendre soin de sa santé. Cependant, regardez l'armée qui prend soin de ses soldats qu'elle veut toujours disponibles et opérationnels sur les terrains. Ne devrions-nous pas faire de même et développer une vision globale de la santé au travail qui tiendrait compte des grandes évolutions de chacune de nos vies ? Car, bien sûr, le travail n'est pas vécu de la même façon à 25 ans ou à 55 ans.

Il y a, là aussi, à inventer des modes de travail différents et des services originaux en accordant des souplesses de rythme de vie professionnelle selon l'âge, mais aussi selon les âges de la parentalité.

Quelques pistes DIFFÉRENTES

- Proposer des conventions de télétravail, limité à une ou deux journées par semaine.
- Développer des organisations apprenantes et qui responsabilisent.
- Proposer un suivi d'une journée par un pédiatre après un accouchement.
- Informer et former à devenir un parent moins stressé.
- Proposer de transformer un treizième mois en journées de RTT pour se former ou s'occuper de ses enfants.
- Développer des postes adaptés pour les personnes handicapées et/ou les personnes ayant des maladies chroniques.
- Proposer aux seniors un tutorat à double sens avec des juniors qui ont à apprendre mais peuvent aussi partager leurs savoirs des réseaux et des nouvelles technologies.
- Accorder pour la dernière année d'un senior dans l'entreprise un salaire à temps plein avec la possibilité de ne travailler qu'à 50 %.

Quelques-unes de ces pistes se sont concrétisées dans certaines entreprises. Elles se révèlent être de véritables bouffées d'oxygène pour des salariés. Ils n'utilisent d'ailleurs pas toutes les possibilités offertes, mais ce sentiment de pouvoir y puiser en son temps pour eux et/ou les autres constitue pour ceux qui ont parfois consacré plus de dix ans à leur entreprise une véritable reconnaissance de leur personne. La santé passe aussi par là.

■ Plus de simplicité

Avec le thème de la simplicité, nous abordons l'un des enjeux majeurs de la compétitivité de nos entreprises. Partout, nous entendons dire qu'il faut revenir à des choses plus simples : organisation, processus, reporting, relations, management, documents... Ils sont tous concernés par cet impératif de simplicité. Mais la conception de la simplicité est souvent très compliquée et elle demande du temps. L'objectif est ici de tendre vers le zéro processus inutile, c'est-à-dire l'art de minimiser la quantité de travail inutile.

Simplifier l'organisation

L'organisation doit se simplifier pour retrouver une capacité à s'adapter rapidement à son marché. PME comme grands groupes, tous ont intérêt à réduire les processus. Une organisation doit être agile et capable de prendre des décisions justes, rapidement.

En outre, l'organisation doit permettre à tous d'apprendre à partir de l'expérience de chacun. S'améliorer en organisations apprenantes est un véritable enjeu de performance pour les organisations et de développement du plaisir au travail pour les salariés. Compte tenu de l'accélération du monde, des technologies, et des connaissances c'est le partage de l'expérience en continu qui permet à l'organisation d'être efficace. Ce n'est pas la superposition des tableaux de reporting ou de Key Performance Indicator (KPI) qui fait la performance d'une organisation, c'est sa capacité créative et à industrialiser par une standardisation et une excellence logistique. Avoir des indicateurs est une bonne chose, trop de KPI étouffent les salariés et tuent l'innovation.

Pour un management simplifié, le manager de proximité

Un management simplifié implique la présence physique d'un manager de proximité au lieu de managers multiples, virtuels ou à distance. C'est cette proximité qui permet au manager de connaître le travail, pour pouvoir l'organiser. Il doit soutenir régulièrement ses équipes, reconnaître la contribution de chacun et évaluer les résultats. Il est en charge d'adapter les objectifs de l'entreprise au niveau de son équipe et de faire passer les messages de la direction. Mais, charge à lui d'être aussi à l'écoute de son équipe et de faire remonter les problèmes identifiés sur le terrain ou auprès des clients. C'est ce que l'on pourrait appeler « le management participatif » ou « les communautés de managers » qui reposent sur la création d'espaces d'échanges et des regards croisés. Trop souvent tout est fait dans les organisations pour que les problèmes ne remontent pas. Cela crée des dysfonctionnements récurrents sur le terrain, un désengagement des salariés qui ne se sentent pas écoutés et des frustrations.

Le manager de proximité doit prendre le temps de connaître chaque personne de son équipe et de soutenir aussi les projets personnels. Le management quel que soit son niveau doit avant tout être exemplaire, et cohérent c'est-à-dire faire ce qu'il dit. Ce n'est qu'à cette condition qu'il pourra créer un véritable collectif fort. Dans notre expérience, le manager de proximité qui sait créer du lien est toujours très bien perçu de ses équipes.

Une chose est certaine, si l'on veut faire plus simple, il faut paradoxalement revenir à un véritable travail en équipe qui valorise l'intelligence collective.

Et la simplification des NTIC ?

La simplification doit aussi toucher les nouvelles technologies de l'information et de la communication (NTIC) par la réduction de leur utilisation (cf. les chartes d'utilisation) et le droit à la déconnexion pour les utilisateurs.

Il a fallu que Peter BRABECK (ex P.-D. G. de Nestlé) décide que l'envoi de mails le week-end était considéré comme une faute professionnelle pour que les choses commencent réellement à changer dans son groupe. Depuis, de nombreuses organisations ne rendent pas possible l'envoi ou la réception des mails le week-end, ou entre 20 heures et 6 heures. Les hommes n'arrivant pas tous à se contraindre, le système le fait à leur place. Cela n'est sans doute pas souhaitable, mais parfois salutaire.

Des documents plus synthétiques

Simplifier les documents semble être aussi un élément puissant d'efficacité pour tous les acteurs de l'entreprise. Les comptes rendus doivent être courts, leurs contenus concis et tournés vers les actions que chacun doit mettre en œuvre selon un planning déterminé. Et la mise en place de solutions est révolutionnaire dans notre pays où les experts passent leur temps à analyser, comprendre, rédiger des rapports ; ce qui est innovant est justement de mettre en œuvre les solutions.

Vade-mecum de la simplicité

Les salariés réclament des solutions simples, c'est-à-dire :
- Compréhensibles : que je peux expliquer à quelqu'un qui pourra lui-même l'expliquer à un autre.
- Cohérentes : qui répondent bien au problème posé.
- Concrètes et efficaces localement, sans ajouts de procédure de contrôle.
- Réalistes : que je peux mettre en place rapidement et qui ne nécessitent pas de changer toute l'organisation ou les habitudes des salariés.

Et que dire des présentations PowerPoint aux innombrables diapositives ? Elles sont totalement indigestes. Que retient notre cerveau au final ? Juste une ou deux choses qui nous auront touché émotionnellement plus que rationnellement. Là encore, le besoin de se justifier, de se rassurer ou de contrôler crée une surcharge de travail qui est souvent peu créatrice de valeur. Pour améliorer la qualité de vie de tous, il vaut mieux faire simple, faire peu, et accepter de se tromper.

▪ Plus de sérénité

La sérénité vient principalement des éléments relationnels (que sont le respect, la confiance, l'écoute et la libre expression), mais aussi du soutien de ses collègues et de sa hiérarchie, en cas de coup dur ou simplement de doute ; et ensuite des éléments objectifs concernant le temps de travail et l'équilibre des vies.

L'objectif est ici d'atteindre le zéro incivilité, zéro agression, zéro présentéisme, 100 % des congés pris, pas de sur-travail le week-end ou en soirée, et 11 heures de repos entre 2 journées de travail.

Le respect participe de la sérénité

Il y aurait beaucoup à dire sur le respect en entreprise. Qu'est-ce qu'un management respectueux dans ce monde multiethnique, multiculturel et pluri-religieux où les codes ne sont pas les mêmes ? Certes, les différences ont toujours existé entre les jeunes et les anciens mais aujourd'hui les repères, quand ils existent encore, sont très variables et peu partagés. Alors oui, simplement dire « bonjour », estimer les personnes et pas seulement les fonctions, prendre le temps d'écouter quelqu'un qui a besoin de soutien, sont toutes des actions qui relèvent du respect et participent à une ambiance de sérénité. Parce que chacun est unique, il est infiniment respectable.

L'écoute, une valeur sûre de la sérénité

Laisser s'exprimer la plainte, un premier pas

Des études réalisées par des psychiatres ont démontré une différence très significative d'efficacité thérapeutique et d'observance des traitements entre des médecins qui prennent ou ne prennent pas le temps d'écouter vraiment leurs patients. Or, en réalité, il a été mesuré que les personnes ont besoin, en moyenne, de moins de deux minutes pour exprimer leur plainte. Montrer que la plainte est entendue est le premier pas vers la sérénité et la guérison. Dans l'entreprise il en est de même, trop de managers ne prennent pas ces deux minutes nécessaires à la sérénité des équipes.

Se former à l'écoute active et bienveillante

Savoir écouter vraiment ne s'improvise pas. Les managers devraient tous se former à l'écoute active[1] et bienveillante. Pour autant, les managers ne doivent pas se transformer en médecins ou en psychologues. Il n'est pas non plus normal de passer plus d'une heure à écouter régulièrement un collaborateur. Il faut alors savoir orienter vers des professionnels de l'écoute selon le besoin (psychologue du travail, médecin, assistante sociale). L'écoute est un métier qui demande des années de pratique, et une capacité à comprendre et à créer la distance.

Le rôle du manager est bien d'identifier les signaux faibles (irritabilité, baisse de motivation, mauvaise ambiance de travail, conflits, surcharge de travail, absentéisme ou présentéisme...) dans son équipe pour protéger la santé de chacun et préserver la performance de tous. S'il n'a pas d'« antennes naturelles », un manager doit être formé à cette écoute de l'autre.

L'anticipation et la priorisation des tâches aident à la sérénité

La sérénité vient aussi d'une capacité à anticiper et donc à organiser son travail. D'où l'importance du choix des actions à faire et de leur priorisation. Or, trop souvent, les managers ne priorisent pas et laissent les salariés seuls pour arbitrer entre des demandes, toutes urgentes. Le flou des missions confiées, l'inexistence de fiches de poste, le manque de précision sur le périmètre des responsabilités et le fait de devoir répondre à des managers différents favorisent cet effet de débordement nuisible à la sérénité.

---

1. L'écoute active est un concept développé à partir des travaux du psychologue américain Carl ROGERS.

Cet effet de débordement se retrouve dans les durées de travail excessives. Certaines personnes font bien 35 heures mais tous les 3 jours ! Ce sont des personnes très impliquées dans leur travail, souvent perfectionnistes qui arrivent tôt le matin et partent tard le soir. Le stress au travail vient souvent du manque de temps pour accomplir toutes les tâches demandées et de ce sentiment de « jamais fini, jamais parfait ».

Les managers sont une population à fort risque de stress chronique, car ils doivent faire face à une injonction paradoxale de plus : délivrer toujours plus de résultats sans stresser leurs équipes.

Peu importent les raisons, l'excès de travail est néfaste pour la santé et la sérénité. L'homme a besoin de périodes de repos, pour se régénérer.

Le dialogue, un élément majeur pour la sérénité

Le dialogue est très adapté au monde complexe d'aujourd'hui

Le dialogue permet de résoudre la très grande majorité des problèmes. Notre monde soulève des problèmes complexes qui exigent des solutions nouvelles et seule l'intelligence collective a la capacité de les résoudre. Il faut donc apprendre à se parler, à communiquer et à échanger nos expériences et expertises. Le bon sens, vérifié maintes fois, veut qu'il y en a toujours plus dans deux têtes que dans une.

> C'est une habitude à prendre, consultez vos salariés, dialoguez avec eux, vous serez surpris de leur niveau de connaissance et d'expertise. Et contrairement aux idées reçues, vous gagnerez du temps et doublerez leur implication.

Ce sont ceux qui font le travail qui savent le mieux l'améliorer au quotidien et trouver les solutions concrètes. Fonctionner en harmonie en équipe, grâce à des réunions régulières d'information, de partage des tâches et des soucis, permet d'anticiper et de mettre de la sérénité à tous les niveaux.

Le dialogue social en France est à la peine

Quand on parle de dialogue dans l'entreprise, on n'évoque pas naturellement le dialogue social en France. Il existe chez nous une tradition d'affrontement plutôt que de dialogue et de négociation, même si les choses évoluent positivement avec les récentes négociations des accords nationaux interprofessionnels (ANI). Il y a un réel déficit de connaissance du fonctionnement des instances représentatives du personnel par les salariés eux-mêmes. Cela va aussi dans le sens de l'individualisme grandissant, les jeunes générations préférant résoudre eux-mêmes directement leurs problèmes personnels plutôt que de passer par un tiers. Les membres du CE ou le CHSCT devraient représenter les salariés, être connus de tous les salariés et avoir une part de voix dans la stratégie des entreprises, être capable de l'endosser et de la défendre.

L'entretien annuel d'évaluation (EAE) est un moment privilégié d'écoute et de dialogue

Il existe un moment essentiel où manager et managé doivent se poser et s'écouter, c'est lors de l'entretien annuel d'évaluation.

Ces entretiens annuels d'évaluation sont de plus en plus souvent mis en place dans les entreprises ; ils sont l'occasion de faire le point entre le manager et les salariés de son équipe. C'est un moment unique pour regarder le chemin parcouru, évaluer les investissements fournis. Ils sont nécessaires pour échanger et fixer des objectifs à la fois réalistes pour l'année suivante et cohérents avec la vision globale de l'entreprise.

Avoir des missions et des objectifs clairs, en un mot savoir « qui fait quoi ? » implique d'avoir des fiches de poste détaillées et actualisées régulièrement, lors de ces entretiens annuels d'évaluation. L'objectif dans une organisation HQH® est qu'ils soient réalisés à 100 % et soient l'occasion d'un véritable dialogue entre le salarié et son manager, à la fois sur les objectifs à atteindre et sur les perspectives de formation et d'évolution.

Aujourd'hui, le problème réside dans le fait que, souvent, le manager est dans l'incapacité de satisfaire une attente comme une évolution de carrière ou une augmentation de salaire. C'est enfin un temps qui doit permettre au salarié de pouvoir évaluer son management.

L'idéal serait aussi de proposer un entretien plus court, à mi-année, qui permettrait de parler du travail, avec les membres de son équipe. Cela implique que le manager n'ait pas plus de 10 à 12 personnes à conduire. Si le dialogue est juste, il est toujours source de satisfaction pour les deux parties.

▪ Plus de sens

L'objectif serait ici d'atteindre 100 % de salariés engagés, pas sur-engagés, mais juste engagés vraiment pour faire gagner leur entreprise, en rendant service à leurs clients, car ils savent qu'ils sont vraiment considérés pour cela. Deux exemples bien connus en France d'entreprises libérées[1] sont Favi[2] et Poult[3].

La recherche du sens, une quête permanente et exacerbée de nos jours

La recherche du sens est très présente dans notre monde contemporain. Et l'entreprise n'y échappe pas. Il est clair que les salariés sont bien plus investis dans leur travail s'ils savent pourquoi ils l'accomplissent et lorsque ce travail entre en résonance avec leurs valeurs.

---

1. Isaac GETZ et Brian M. CARNEY, *Liberté & Cie. Quand la liberté des salariés fait le succès des entreprises*, Champs Essais, Flammarion, 2013.

2. Favi une fonderie de 600 salariés dans la sous-traitance automobile à Hallencourt en Picardie. Une réussite industrielle particulière due à la fois à une organisation du travail originale, teintée d'influence japonaise, et à une innovation industrielle permanente. Le patron a concrétisé le rêve des ouvriers : prendre le pouvoir.

3. Poult est une biscuiterie de 500 salariés basée à Montauban et qui a aussi « libéré ses salariés » pour le plus grand bénéfice de tous.

Le sens au travail : ses 3 formes recherchées

- Le sens en tant que sensation, émotion, partie physique de nos 5 sens (l'odorat, le goût, la vue, l'ouïe, le toucher). Nous vivons dans ce monde multisensoriel et hyperconnecté. Au-delà de l'argent, mon travail doit me donner des émotions.
- Le sens en tant que signification. Il faut que mon travail veuille dire quelque chose et dise quelque chose de moi.
- Le sens en tant que direction. Le travail doit aller dans le bon sens et contribuer à améliorer la vie des personnes.

Le sens au travail, c'est tout cela à la fois. Et aujourd'hui les nouvelles générations disent encore plus fort leur besoin de sens sous ces 3 formes : « Je sais que je vais avoir du mal à bien gagner ma vie mais alors au moins que je fasse quelque chose qui ait du sens et soit en accord avec mes valeurs. » Leur exigence de solidarité n'est pas en reste : « Je veux contribuer à changer le monde et souhaite développer une économie solidaire. »

La relation entre sens du travail et plaisir est manifeste

Bien sûr, on travaille pour gagner sa vie, nourrir et élever ses enfants mais aussi pour son plaisir. Au-delà du salaire, que signifie « donner du sens au travail » ? Comment faire, pour que chaque salarié trouve du plaisir dans son travail ? Le plaisir peut-être celui des geeks, ces fous d'informatique qui sont sur l'ordinateur non-stop au bureau mais aussi le soir chez eux et le week-end. Mais ce peut être également celui de l'ouvrier qui trouve dans son travail la convivialité, la socialisation et un esprit d'équipe.

Il est plus facile de donner du sens à un travail stimulant et créatif qu'à un travail répétitif et fatigant. Dans une enquête récente publiée dans *La Croix*, il était demandé à des salariés s'ils étaient heureux de se lever le matin pour aller travailler. La bonne nouvelle c'est que 80 % répondaient « oui » ; la mauvaise nouvelle c'est que les ouvriers étaient seulement 36 % à répondre positivement. D'où l'importance du contenu du travail et de la façon dont on manage les hommes : moins le travail est *a priori* intéressant et plus le manager doit trouver de bonnes raisons de travailler à ses salariés.

Vision plus conditions de travail donnent du sens

La vraie question du sens se pose au manager à chaque fois qu'il recrute quelqu'un. Si je veux avoir les meilleurs clients, il me faut attirer les meilleurs salariés et les retenir. Au-delà du salaire, qui est défini par le marché, sur quoi ai-je vraiment la main pour attirer et retenir les meilleurs ? Sans aucun doute, il existe 2 axes de différenciation : la vision et les conditions de travail.

Pour pouvoir donner une direction, il faut avoir une bonne vision et être capable de la partager avec l'ensemble des collaborateurs. Si tout le monde sait que l'objectif est d'aller sur la planète Mars pour découvrir si nous pourrons y vivre demain, l'objectif est à la fois clair, ambitieux et enthousiasmant puisque personne ne l'a encore fait. Il est aussi facile à expliquer. Le rôle d'un manager est donc bien d'avoir une vision enthousiasmante et de créer les meilleures conditions qui soient pour que les salariés aiment leur travail et y prennent du plaisir.

HQH® ou la vision globale de la qualité de vie au travail

■ HQH®, une vision ambitieuse

La démocratie dans l'entreprise est ce qui permet l'échange, le dialogue en vue d'améliorer la vie de chacun et la performance de tous. Elle est encore aujourd'hui une idée mal perçue, mal défendue et peu expérimentée (au sens propre d'expérimentation et d'observation clinique).

Alors, comment rendre les choses concrètes, réellement applicables, cohérentes et lisibles par tous ? Sans pour autant mettre l'humain dans un carcan trop étroit ou étriqué. Voilà notre ambition avec HQH[®1].

<table>
<tr><td>

+ de sens
100 % d'engagement
Indicateurs de partage des valeurs

</td></tr>
<tr><td>

+ serein
0 présentéisme
0 agression, 0 incivilité
100 % des congés pris
Pas de sur-travail le WE et en soirée
11h de repos entre 2 journées de travail

</td></tr>
<tr><td>

+ simple
0 process inutile
100 % d'EAE réalisés

</td></tr>
<tr><td>

+ sain
0 maladie professionnelle
0 burn-out
Moins de 3 % d'absentéisme

</td></tr>
<tr><td>

+ Sûr
0 accident du travail
100 % d'employabilité
100 % des salariés avec un projet de vie professionnel

</td></tr>
</table>

Fig. 20 : Les indicateurs de la HQH®.

Si nous devions résumer succinctement HQH®, nous dirions que c'est avant tout un état d'esprit qui rassemble des valeurs, des comportements et qui donne de la cohérence à tous les aspects du bien-être, de la santé et de la sécurité des individus et des équipes.

Tout d'abord, nous devons accepter la fluidité du concept HQH®, ses embûches, ses tâtonnements. Nous proposons juste un chemin ambitieux, avec des endroits où vous jugerez utile de vous arrêter et d'autres où vous passerez rapidement.

---

1. L'entreprise devrait-elle, comme une personne, s'évaluer sur ce qu'elle est et non sur ce qu'elle possède ? Son bilan humain devrait-il commander son bilan financier ? Si tel était le cas, combien d'entreprises auraient un bon bilan ?

▦ HQH®, une vision centrée sur le lien et la confiance

Il est essentiel d'échanger sur les valeurs affichées dans l'entreprise et de les partager, de les expérimenter et de les traduire dans les comportements. Et aujourd'hui, plus que jamais, il est important de ne pas laisser les jeunes générations seules avec ces valeurs, ces credo qui ont tendance à les faire sourire. Et comment, en effet, ne pas sourire dans certaines entreprises où est prôné le respect des hommes – affiché dans des chartes de communication en couleur sur papier luxueux – alors que, dans le même temps – course à la rentabilité oblige –, ces mêmes entreprises affichent des bénéfices insolents et licencient des salariés ? Quelle est la justification crédible à ce comportement ?

Un constat sans appel

Une étude TNS Sofres pour Altédia, de 2009, intitulée « Salariés et sortie de crise », montre que la rupture du lien entreprise-salariés semble consommée et que ce type de licenciement ci-dessus est perçu comme « inacceptable ». Sont également perçues comme « inacceptables » les rémunérations excessives de certains dirigeants : face à ces injustices, 64 % des salariés trouvent normal, dans des cas précis, d'avoir recours à la force pour faire valoir leurs revendications auprès de leurs employeurs. C'est ainsi que 84 % des salariés pensent aujourd'hui que leurs intérêts et ceux de leurs dirigeants ne vont plus dans le même sens. Et le malaise semble particulièrement aigu dans les grandes organisations où 73 % des salariés estiment leurs intérêts contraires à ceux de leurs dirigeants, quand ils ne sont que 39 % au sein de TPE (10 salariés ou moins) à penser ainsi.

La défiance des salariés est aussi réelle et forte vis-à-vis des syndicats. À la question « Avez-vous confiance dans vos syndicats ? », ils sont 53 % à répondre négativement. La même question posée vis-à-vis de leur direction et du Medef récolte respectivement 58 % et 85 % de « non ».

Leur motif de revendication est pour 49 % des salariés de « moins travailler ». Les formes de revendication sont principalement la pétition

(78 %), les manifestations (59 %), la grève (54 %). 26 % des salariés prônent des actions dures. On le voit, les salariés français ont une forte appétence pour une expression directe, au détriment des relations avec les instances représentatives du personnel (IRP). Nous sommes plutôt des râleurs individualistes, ayant du mal à s'organiser collectivement pour faire avancer la qualité de vie au travail de façon constructive.

Chacun a la main sur la HQH® dans son entreprise

La qualité du travail, nous l'avons vu, n'est pas simplement d'avoir un travail. Chacun d'entre nous doit se poser la question essentielle pour améliorer la qualité du travail et la qualité de vie de tous : « Et moi dans mon travail, dans mon équipe, dans mon entreprise, que puis-je améliorer dans ces 5S ? » Il y a des choses améliorables à mon niveau, des éléments sur lesquels j'ai la main, et d'autres sur lesquels il suffirait que j'en discute avec l'un ou l'autre pour simplifier, donner du sens, travailler dans un environnement plus serein et prendre soin de mes collègues. Si vous empruntez ce chemin de la HQH®, c'est que vous avez quitté la peur et accepté de laisser s'exprimer l'Humain qui sommeille en chacun d'entre nous.

Cette qualité de vie au travail, surtout en temps de crise, n'est pas la cerise sur le gâteau, c'est la farine du gâteau ou la levure qui fait le gâteau.

Conclusion
HQH®, un combat et un chemin de traverse

De révolution industrielle en révolution technologique en quarante ans (1960-2000) notre productivité a été multipliée par CINQ, alors que nous avions mis un siècle et demi à la multiplier par DEUX (1820-1960)[1]. Comment imaginer que cette hyperproductivité ne laisse pas de trace sur nos corps et nos esprits ?

Les entreprises sont parfois devenues folles à vouloir trop demander à leurs salariés. Il n'y a pas de solution miracle mais juste une remise en question. Apprendre avec humilité le chemin de la HQH® permet de soigner, par le dialogue, les entreprises malades. Car les humains sont des êtres de relation qui ont vocation naturelle au langage.

Remettre vraiment l'humain au cœur de la stratégie

Or, reconnaître que c'est au travers du dialogue que nous solutionnons les principales problématiques auxquelles nous sommes confrontés, est devenu une chose étrange. Nos ingénieurs ont eu tendance par le passé à penser que tout se résolvait par des équations... Et pourtant, c'est grâce aux échanges, au travail collaboratif que nous résolvons la complexité des problèmes.

Seul l'humain en bonne santé mentale est capable d'inventer, de créer, d'entreprendre et de prendre des risques. C'est le travail humain qui crée de la valeur.

---

1. Source INSEE : « Deux siècles de travail en France, la productivité en France depuis 1820 selon le PIB par actif occupé ».

Développons nos capacités humaines selon ce que chacun veut faire, les buts qu'il souhaite atteindre. Et ce qui compte, c'est d'avoir la « possibilité effective » de faire les choses, de façon concrète. Cela revient à pouvoir réaliser son choix de vie personnel et de participer à un véritable projet professionnel. Avoir le pouvoir d'agir, chacun à son niveau.

Donner l'autonomie pour chacun dans un cadre défini et choisi ; cette autonomie qui permet à ceux qui font vraiment le travail de le faire évoluer, d'apprendre, de transmettre et d'innover pour développer la compétitivité. Alors tous ceux qui rêvent d'avoir des salariés motivés n'auraient plus de souci à se faire. Et tous les salariés retrouveraient du plaisir à aller travailler.

Les principaux moteurs de la motivation sont le plaisir, l'envie d'apprendre et le fait de participer à un projet qui a du sens. Redonner de la liberté, c'est remettre de l'humain, du plaisir et de la performance dans nos entreprises.

Pour que les choses changent, cela implique que chacun incarne le changement auquel il aspire. Et que le pouvoir d'agir, à tous les niveaux, devienne une innovation managériale et un véritable élément de différenciation des entreprises.

> Les hommes ressemblent à la façon dont vous les managez. Soyez inspirant et créatif, ils le seront.

Du sens, du sens et encore du sens

Comment développer les meilleures conditions de travail ? Ce sont d'abord des choses simples, avoir un bureau accessible ou pouvoir travailler chez soi, avoir des salles de sport ou de repos, mais aussi surtout bénéficier d'un sentiment plus grand de son utilité sociale, de davantage de respect et de reconnaissance, de participer à une aventure exaltante, de toujours progresser, de travailler en harmonie avec ses valeurs personnelles. C'est également d'avoir des espaces de liberté pour inventer des façons de faire évoluer son métier. C'est tout cela et aussi développer l'amour du travail bien fait qui rend heureux. Car c'est ce que l'on aime qui fait sens.

Au-delà des conditions de travail, je voudrais insister sur les valeurs morales qui conduisent la façon de travailler et de faire des affaires. Les grandes valeurs d'honnêteté, de loyauté et de respect sont essentielles, mais nous voyons combien elles sont souvent bafouées par ceux-là mêmes qui les affichent. C'est à chaque entreprise, en fonction de son secteur, de définir ses valeurs. Nous attirons l'attention sur l'équité et l'enthousiasme. Le sentiment d'iniquité est croissant dans nos audits, car les processus d'évolution et de promotion dans les entreprises sont de moins en moins clairs et l'affectation des primes n'est souvent pas transparente. Inégalités d'évolution entre les hommes et les femmes, inégalités de traitement et de salaire, recrutements de « clones », tous ces éléments créent inévitablement des tensions et des jalousies non propices au travail efficace. En revanche, l'enthousiasme, la convivialité et la générosité dans le travail sont des valeurs assez peu mises en avant alors qu'elles contribuent très largement à établir des liens de qualité entre les personnes.

Afficher ses valeurs c'est bien, donner des indicateurs chiffrés pour pouvoir en suivre la réalité et les évolutions c'est mieux. Quand la MGEN affiche qu'elle veut être plus solidaire avec ses salariés et qu'elle s'engage à proposer un salaire minimal de 120 % du Smic à ses salariés, c'est simple, facile à comprendre et cohérent avec ses valeurs mutualistes.

L'entreprise fera la différence par l'humain

Entre deux entreprises concurrentes exploitant la même technologie et mettant en œuvre des moyens comparables sur un même marché, celle qui se préoccupera de la dimension humaine a plus de chances de mieux réussir et se développer dans la durée. Ainsi, non seulement elle s'épargne des risques d'accidents graves, susceptibles de ternir sa réputation, et attire les meilleurs jeunes diplômés pour mobiliser leur potentiel de façon optimale.

Il faut donc réaffirmer la place et les spécificités de l'homme dans l'entreprise. L'homme n'est pas une machine.

Que retenir à titre individuel ?

La première chose est sans doute d'accepter ses propres limites et donc de savoir écouter ses signaux faibles et ce que dit son corps. On a une seule vie, et pas une vie professionnelle et une vie personnelle. La réunification des deux rend assurément plus humain et plus heureux.

La deuxième chose à retenir est de favoriser tout ce qui crée du lien et nous permet de rester connecté aux autres : avoir une famille et s'en occuper, une vie affective, amicale et sociale. Ce sont les meilleurs remparts contre tous les excès évoqués.

Ensuite, il est essentiel d'être en accord avec son projet de vie, et pour cela il faut y avoir vraiment réfléchi. Ce sont nos projets de vie qui doivent être en accord avec notre vie professionnelle et pas l'inverse. Il est impératif de discerner l'essentiel de l'accessoire. Être capable de se connaître, de faire des choix et de respecter un équilibre entre notre vie professionnelle et personnelle, apaise.

Enfin, valoriser ce qui nous rend heureux, notre épanouissement plutôt que la réussite, choisir le partage plutôt que la propriété, le contact plutôt que les contraintes dans le travail, l'être plutôt que l'avoir, le lien plutôt que du bien.

Pendant toutes mes années de jeune médecin en cancérologie, je n'ai jamais entendu mes patients en fin de vie me dire qu'ils regrettaient de ne pas avoir assez travaillé. En revanche, tous regrettaient d'avoir eu souvent trop peur sans raison et de ne pas avoir passé assez de temps avec leurs enfants ou avec les personnes qu'ils aimaient.

Faire de la qualité de vie au travail un nouveau pacte social

L'équité dans l'organisation, le partage du pouvoir, la santé et la qualité de vie au travail sont des facteurs essentiels pour développer l'innovation et le plaisir au travail.

Aujourd'hui, « *le travail requiert plus d'engagement et l'organisation du travail l'empêche*[1] ». La santé est aussi une formidable opportunité de dialogue et de négociation avec les partenaires sociaux, avec une approche gagnante pour tous. Le fait de prendre soin de la santé et de la sécurité de ses salariés raffermit les fondements et les valeurs du travail pour les générations actuelles et futures. Il est temps de prendre soin des hommes et de créer une nouvelle relation sociale.

Enfin, que vous soyez salarié, manager ou chef d'entreprise, n'oubliez pas d'être heureux car cela contribue à la qualité de vie, cela se voit, se communique et c'est bon pour la santé !

Nous pouvons tous être acteurs de la HQH®[2] des entreprises que nous souhaitons voir se développer. Il n'est pas ici question de collectionner les bonnes intentions mais d'inventer l'économie durable de demain. Si nous sommes plus humains, nous serons plus performants.

---

1. Y. Clot, 28/04/2011.

2. Si vous souhaitez contribuer au fonds de dotation de la Haute Qualité Humaine par un don, une idée, une action : www.HQH.academy

Remerciements

À Toi mon Amour, qui rend tout possible

À mes enfants et ma famille qui m'ont donné de leur temps pour me permettre d'écrire

À mon père qui m'a donné la passion de la vie, le goût de la nature et de l'humour

À ma mère qui m'a donné celui de l'effort et des gens

À mes premiers lecteurs pour leur soutien et leurs remarques

À mes associés pour leur engagement à mes côtés

À mes salariés et à tous ceux (collègues, salariés, managers, syndicalistes, chefs d'entreprise...) que j'ai rencontré et /ou managé et qui ont changé mon regard sur l'entreprise

À mes maîtres et mes pairs qui m'ont formée dans la rigueur et à tous les habitants de cette planète que j'ai côtoyés, lors de mes voyages et qui m'ont joliment déformée vers plus d'humanité.

À mon éditeur qui m'a fait confiance

À toux ceux qui m'ont permis de ne plus avoir peur

À vous qui allez révéler et développer, à votre manière, la Haute Qualité Humaine.

Biographie

Originaire de Lorraine, et passionnée par l'humain, après une double formation de docteur en médecine à Nancy et en sciences politiques à Nancy et Paris, Florence Bénichoux a longtemps travaillé à Paris dans le Conseil et la prévention santé. Elle a 2 enfants et a eu 3 vies professionnelles (médecin, manager et DG d'une filiale d'un groupe international, puis chef d'entreprise).

En 2001, elle fonde ADD HUMAN Cie, une agence conseil en communication santé et en 2007 elle co-fonde BETTER HUMAN Cie cabinet de conseil en capital humain, spécialisé dans la santé et la qualité de vie au travail, qu'elle dirige aujourd'hui entre Toulouse et Paris.

Elle aime à dire : « *Après avoir soigné des individus, je soigne aujourd'hui des organisations.* »

Elle a réalisé de très nombreux diagnostics des risques professionnels et en particulier des risques psychosociaux. Elle accompagne des entreprises du CAC 40, des ETI et des PME, dans l'amélioration de leur performance par la mise en place de plan d'actions permettant de révéler la Haute Qualité Humaine qui se cache dans chaque organisation. Elle forme des dirigeants, des managers et des salariés à l'amélioration de la prise en compte du facteur humain. Elle est l'inventeur du concept HQH®, Haute qualité Humaine.

Mise en pages : Compo-Meca Publishing
64990 Mouguerre